Käsinger / Munzinger • Schnorcheln

Tauchpraxis

Heinz Käsinger / Paul W. Munzinger

Schnorcheln

Spaß im Meer mit Maske, Schnorchel und Flosse

Müller Rüschlikon

Einbandgestaltung: Anita Ament
Titelbild und Inhaltfotos: Paul W. Munzinger
Grafiken: Satz & mehr, R. Günl, 74354 Besigheim

ISBN 3-275-01427-7

1. Auflage 2002

Lektorat: Myrta Baumberger
Innengestaltung: Satz & mehr, R. Günl, 74354 Besigheim
Reproduktionen: Satz & mehr, R. Günl, 74354 Besigheim
Druck und Bindung: Fotolito LONGO, Bozen
Printed in Italy

Vorwort

Zu den beliebtesten Sendungen im Fernsehen gehören noch immer Tier-Dokumentationen. Doch die althergebrachten Berichte über die Fauna in den Savannen Afrikas oder im brasilianischen Regenwald haben Zuwachs bekommen: Immer mehr Sendungen widmen sich der Tier- und Pflanzenwelt unter Wasser.

Der Mensch, freizeitgesegnet und mobil durch moderne Verkehrsmittel, genießt den Aufenthalt an exotischen Gestaden. Angeregt durch die faszinierenden Bilder in den heimischen Medien verspüren immer mehr Menschen den Wunsch, die Unterwasserwelt selbst zu erleben. Längst hat es sich herumgesprochen, dass uns das Meer und was darin lebt nicht feindlich gegenübersteht.

Zweifellos erlebt das Tauchen in seiner einfachsten Form – nämlich nur mit Maske, Schnorchel und Flossen – einen Boom ohnegleichen. Kaum ein Pauschaltourist, der diese Utensilien nicht im Reisegepäck hat. Die Vertreiber so genannter ABC-Ausrüstungen schreiben zweistellige Millionen-Verkaufszahlen – jährlich!

Vor Ihnen liegt das erste wirklich komplette deutschsprachige Lehr- und Praxisbuch zum Themenkreis Schnorcheln. Wir, die Autoren, haben auf einen hohen Nutzwert geachtet, ohne dabei den Unterhaltungsaspekt aus den Augen zu verlieren. Denn schnorcheln soll ja vor allem eines: Spaß machen. Und das von Anfang an. In diesem Sinne wünschen wir Ihnen viel Spaß bei der Lektüre – und natürlich später beim Schnorcheln selbst.

Ihr Autorenteam

Inhalt

Vorwort 5

Kapitel 1
Das ist Schnorcheln 8
Gut ausgerüstet taucht sich's leichter 12
Freitauchen? Schnorcheln? Apnoe? 12
Raus aus dem Alltag, rein ins Wasser 14
Die Sache mit der Fitness 16

Kapitel 2
Mit der richtigen Ausrüstung macht's Spaß 18
Die Tauchermaske 20
Der Schnorchel 24
Die Flossen 29
Zusatzausrüstung dient Sicherheit und Komfort 31
Pflegetipps: Lange Freundschaft 38

Kapitel 3
Fit fürs Schnorcheln mit dem richtigen Training 42
Ruhig und langsam an die Ausrüstung gewöhnen 44
Die richtige Technik spart Kraft 47
Jetzt wird's ernst: Der Trainingsalltag beginnt 49
Zu Beginn heißt es aufwärmen 50
Die körperlichen Grundeigenschaften 52
Übungen zur Grundeigenschaft »Kraft« 53
Übungen zur Grundeigenschaft »Ausdauer« 53
Übungen zur Grundeigenschaft »Schnelligkeit« 54
Übungen zur Grundeigenschaft »Motorik« 54
Übungen zur Grundeigenschaft »Schnellkraft« 55
Sportphysiologie beachten 55
Geprüfter Schnorcheltaucher 56

Kapitel 4
Etwas Tauchphysik muss sein 58
Dürfen wir vorstellen: Die Herren Boyle und Mariotte ... 61
... und warum sie uns als Taucher so beschäftigen 62
Die Sache mit dem Auftrieb 65
Sehen und hören unter Wasser 67

Kapitel 5
Damit Sie keinen Medizinmann brauchen 72
Die Atmung 74
Die Sauerstoffaufnahme 75
Hyperventilation – Luftanhalten – Schwimmbad-Blackout 76
Flachwasserbewusstlosigkeit 77
Lungenkollaps 78
Schnorchelexperimente 79
Der Tauchreflex 81
Dehydration/Krampf 83

Kapitel 6
Von Wetter, Wind und Wellen 91
Besonders einflussreich: der Wind 94
Das Phänomen der Wellen 96
Von Ebbe und Flut 98
Schnorcheln in Strömungen 99

Kapitel 7
Sicherheitshinweise und Praxistipps 100

Kapitel 8
Kleine Gewässerkunde 114
Gewässer vor der Haustür 116
Lebensräume im Mittelmeer 123
Traum eines jeden: tropische Riffe 125
Riffregionen und Rifftypen 127

Kapitel 9
Was schwimmt denn da? 130
Von Generalisten und Spezialisten 132
Viele Arten, ein System 133

Kapitel 10
Aktionen rund ums Schnorcheln 148
Filmen und Fotografieren 150
Divers do it deeper 151
Schnorcheln mit Kindern 153

Anhang 158
Stichwortverzeichnis 158

Kapitel 1

Das ist Schnorcheln

■ Es muss nicht immer Tropenriff sein: Schnorchler im heimischen Fluss. Achten Sie auf einen ausreichenden Kälteschutz.

Kapitel 1: Das ist Schnorcheln

Die Geschichte des Tauchens ist zunächst einmal die Geschichte des Freitauchens. Tauchen ohne Ausrüstung gehört somit zu den ältesten sportlichen Betätigungen der Menschheit. Man kann außerdem davon ausgehen, dass tauchenderweise schon in der Steinzeit Arbeiten verrichtet werden mussten. Der älteste Beweis aber, dass ein Mensch freiwillig und frei tauchend unter die Oberfläche sank, stammt aus Ägypten. Es handelt sich um ein Stück Steinplatte, in die ein Text eingeritzt ist, der leider schlecht erhalten und deshalb nur fragmentarisch zu lesen ist. Der Text lautet:

«...(?)... geht ein Stück weit ins Wasser ...
mit Kraft rudern seine Arme und Beine.
Als er weit draußen anlangt
...
Kopfüber verschwindet er im Fluss
...
Nach einiger Zeit kommt er wieder hoch.
Er hält etwas in seiner Hand ...«

Die Steinplatte wird auf ca. 4500 vor Christus datiert. Der Taucher kennt damals weder Maske noch Flossen, doch er versucht schon, unter Wasser zu atmen – durch Bambusrohre, die durchstoßen werden. Schnell merkt der frühe Mensch, dass er damit große Tiefen nicht erreichen kann.

Die frühesten bildlichen Darstellungen tauchender Menschen stammen von den Assyrern, ein Relief kann ziemlich genau auf 880 v. Chr. datiert werden. Das Bild zeigt Menschen unter Wasser, die aus Tierbälgen atmen.

Stichworte zur Geschichte

Erste Textbeschreibung eines Tauchvorganges ca. 4500 v. Chr.

Erste Bilddarstellung von den Assyrern, ca. 880 v. Chr.

Um 320 v. Chr.: Alexander der Große nutzt Freitaucher militärisch

Helmartige Gebilde zur Behebung der Unterwasser-Fehlsichtigkeit um 1700 n. Chr.

Erste brauchbare Sehhilfen um 1900

Grundausrüstung für den heutigen Apnoe-Standard: Um 1930

Viel später dann der erste Prominente in der Tiefe: Alexander der Große. Es gibt eine Darstellung, die den Makedonierkönig in einem Fass zeigen, das unter die Wasseroberfläche gesenkt wurde. Fische und allerhand Ungeheuer umschwimmen es. Auch Texte berichten über den waghalsigen Eroberer. Nämlich, dass sein Fass mit Pech abgedichtet war und statt eines Deckels eine große, rundgeschliffene Kristallscheibe erhielt. Von Alexander dem Großen ist auch

■ Schnorchler beobachten das Geschehen unter Wasser von der Oberfläche aus. Abgetaucht wird selten. Je näher man am Riff ist, um so mehr sieht man.

bekannt, dass er während seiner Eroberungskriege Kampfschwimmer einsetzte, die Schiffe und Brücken des Gegners sabotierten, Gewässer freiräumten.

Gut ausgerüstet taucht sich's leichter

Die Beweglichkeit, die ein Freitaucher unter Wasser genießt, wird jedoch durch einen entscheidenden Nachteil behindert: Der größere optische Brechungsindex des Wassers lässt es für das menschliche Auge nicht zu, klar und scharf zu sehen. Erst ein luftgefüllter Zwischenraum vor dem Auge macht dies möglich. Deshalb experimentieren Taucher schon früh mit helmartigen Gebilden, die den Kopf mit Luft umgeben. Die ersten, für Freitaucher vernünftig nutzbaren Sehhilfen stammen jedoch erst aus der Zeit der Jahrhundertwende von 1900. Doch jetzt ging es Schlag auf Schlag. In den 30er-Jahren lässt Hans Hass Gummiflossen gießen, die das Fortkommen unter Wasser optimieren. Man entdeckt, dass eine sinnvolle Tauchermaske außer den Augen auch die Nase mit einschließt. Die ersten wirklich komfortablen Unterwasserspaziergänge werden möglich.

Heute hört sich das Ganze an, wie aus einer anderen Welt. Waren Abstiege unter die Wasseroberfläche noch vor wenigen Jahren einigen Berufstauchern, Militärs oder anderen Spinnern vorbehalten, so kann man heute in jedem Sportgeschäft, sogar in jedem Kaufhaus, eine so genannte ABC-Ausrüstung für wenig Geld erstehen. Die Flossen, auch die billigen, sind in der Zwischenzeit strömungsoptimiert. Die Masken bestechen durch peppige Ausstattung. Die Schnorchel sind mit einer Signalfarbe versehen, damit man den Benutzer im Notfall schnell auf der Wasseroberfläche ausmachen kann. Hans Hass tauchte noch in gediegenem Schwarz.

Freitauchen? Schnorcheln? Apnoe?

Nachdem die Anfänge des Schnorchelns aus dem Dunkel der Jahrtausende ans Licht

Stichworte zur Abgrenzung

Taucher mit Grundausrüstung oder ABC-Taucher:
Oberbegriff für alle, die mit Maske, Schnorchel, Flosse ins Wasser steigen

Schnorchler:
Bleibt an der Oberfläche, besieht sich ohne Abstiege die Unterwasserwelt

Freitaucher:
Wagt tiefere und längere Abstiege

Apnoe-Taucher:
Betreibt die Schnorchelei sportmäßig. Steigt sehr tief und sehr lang ab

Freitaucher unternehmen längere und tiefere Abstiege.

gebracht wurden, scheint es Zeit für eine kleine Begriffsbestimmung. Der aufmerksame Leser hat bemerkt, dass einmal vom Schnorchler, dann wieder vom Freitaucher gesprochen wurde. Das sind alles gängige Bezeichnungen für jemanden, der ohne Atemgerät ins Wasser abtaucht. Ferner sind geläufig die Bezeichnungen ABC-Taucher (das kommt daher, weil die Freitauchausrüstung auch ABC-Ausrüstung genannt wird) und Apnoe-Taucher. Der letztere Begriff ist der medizinisch korrekte, denn das griechische Wort Apnoe bedeutet »Atemstillstand«. Und wer abtaucht, der muss schließlich seine Luft anhalten.

Trotzdem haben sich in der Terminologie von Tauchern feine Unterschiede eingebürgert, die die verschiedenen möglichen Tätigkeiten eines ABC-Tauchers kennzeichnen.

ABC-Taucher: Stellt eine Art Überbegriff dar, der auf alle Mitglieder dieser großen Gruppe passt und angewandt werden kann und darf.

Der ***Schnorchler*** begegnet uns in der Welt rund ums Wasser wohl am meisten. Es handelt sich dabei um jene Personen, die Maske, Schnorchel und Flossen mit in den Urlaub genommen haben und die, meistens in Ufernähe, an der Wasseroberfläche schwimmen und das bunte Treiben unter ihnen beobachten. Der Schnorchler taucht nicht oder nur ganz selten ab. Tut er dies doch, so tut er es nur ganz kurz und nur ganz flach.

Der ***Freitaucher*** nutzt die Dreidimensionalität des Wassers. Er späht an der Wasseroberfläche nach etwas Interessantem und

■ Für sportliche Wettkämpfe im Tieftauchen hat sich der Begriff Apnoe-Taucher eingebürgert.

taucht dann ab, um sich das Objekt seiner Begierde aus der Nähe zu betrachten. Je nach Übung kann ein Freitaucher mehrere Minuten unter Wasser bleiben und dabei spielend Tiefen bis zu 30 Metern erreichen.

Der ***Apnoetaucher*** ist quasi der Formel-1-Pilot unter den ABC-Tauchern. Denn es handelt sich dabei um einen Leistungssport, bei dem der Taucher 100 Meter Tiefe und mehr frei tauchend erreichen muss! Dass dies nur von durchtrainierten Profis geschafft werden kann, können Sie unserem speziellen Kapitel auf Seite ■ entnehmen.

Diese, sicherlich sehr feine und auch eher inoffizielle, Abstufung kommt – Sie ahnen es – aus Amerika. Dort unterscheidet man fein zwischen *snorkeling* (entspricht dem unsrigen Schnorcheln), *skindiving* (dem Freitauchen) und *scubadiving* (dem Tauchen mit Atemgerät).

Raus aus dem Alltag, rein ins Wasser

Reisende Taucher werden immer wieder gefragt, welches Tauchrevier dieser Welt ihnen denn am besten gefallen habe. Der Fragesteller erwartet jetzt in 100 Prozent aller Fälle, dass dies die Südsee, das Great Barrier Reef oder die Karibik gewesen sein muss. Die Autoren kennen aber Dutzende von Teichen, Flussarmen und Seen – direkt vor der Haustür –, die es an Sensationen mit jedem Tropenriff aufnehmen!

Somit stellt sich auch die Frage nach den Gewässern, in denen geschnorchelt werden kann. Die Antwort ist einfach. Grundsätzlich eignet sich jeder Fluss, jeder Tümpel, jeder See zum Tauchen. Von den Meeresküsten dabei ganz abgesehen.

Wer hier in heimischen Gewässern taucht, der muss nur auf einen ausreichenden Kälteschutz achten; wer an Tropenriffen taucht, der achtet besser auf einen geeigneten Sonnenschutz. Tipps zur geeigneten Ausrüstung finden Sie übrigens im nächsten Kapitel »Mit der richtigen Ausrüstung macht's Spaß«.

Viele Mitteleuropäer haben das Glück, dass in akzeptabler Entfernung zu ihrer Wohnung ein Teich, ein Natur- oder Baggersee, ein Flusslauf liegt, an dessen Gestaden es sich im Sommer herrlich faulenzen und auch schwimmen lässt. Die meisten Neuschnorchler werden in solch einem Gewässer die ersten Erfahrungen mit der Unterwasserwelt machen. Denken Sie daran: Immer schön entspannt sein! Lassen Sie sich von der sanften Strömung eines Flusses treiben. Sie sehen Forellen, Bachsaiblinge, Groppen. Zwischen den Steinen und bei sehr guter Wasserqualität kann man Süßwasserkrebse entdecken. Sie sehen aus wie kleine Hummer. Steigen Sie nach einigen hundert Metern aus, gehen Sie zurück. Sich gegen die Strömung zu wenden ist meistens fruchtlos. Im See sind die Uferregionen am lohnendsten. Hier stehen kapitale Hechte direkt unter der Wasseroberfläche, meistens im Schatten eines Baumes oder unter einem Boots- oder Angelsteg. Achten Sie auch auf das, was im freien Wasser so vorbeischwimmt, es kann sein, dass es Aale, Schleien oder Weißfische sind. Wer im Schlamm unter sich große Wolken entstehen sieht, der hat mit ziemlicher Wahrscheinlichkeit Karpfen entdeckt. Die fleißigen Esser sammeln sich kleine Pflanzen, Krebstierchen und Schnecken aus dem Untergrund.

Für die meisten heute um die 40 Jahre alten Taucher war das Mittelmeer während der Urlaubswochen das angesagte Schnorchelrevier. In Bibione, Lido di Jesolo, Ravenna (damaliger Geheimtipp Lido d'Espina) oder Rimini – kurz an den populären Zielen der Adria – herrscht Sandstrand vor. Das galt früher als ganz, ganz schlecht. Denn im Sand meinte man gar nicht viel entdecken zu können. Ein Vorurteil! Rochen, Katzenhaie, Sandaale, mithin die prächtigsten Geschöpfe des Mittelmeerraumes leben ausgerechnet hier. Dazu kommt eine Vielzahl von Krebsen, Tintenfischen, Barschartigen. Nur eines ist an einem Sandstrand für den Schnorchler wirklich hinderlich. Das ist die oft schlechte Sicht, wenn die Wellen den Sand aufwirbeln.

Wer während eines Mittelmeer-Urlaubes ein Reiseziel an einer Felsküste aufsucht, dem erschließt sich ganz ungehindert von schlechter Sicht die Schönheit des Meeres. An den Wänden haben sich die prächtigen roten, weißen, gelben oder gar zweifarbigen Gorgonien niedergelassen. Es gibt Drachenköpfe, Oktopusse, Brassen- und Doradenschwärme, manchmal schwimmen sogar Mondfische oder Delfine vorbei.

Die Krönung für Schnorchler sind jedoch wohl die Erlebnisse in einem Tropenriff. Hier wimmelt es von Leben. Bunte Falterfische wuseln durch die Korallen. Elegante Fledermausfische schweben umher. Wer Glück hat, der trifft in der seichten Lagune zu bestimmten Zeiten auf Babyhaie, die hier ihre Kinderzeit verbringen. Keine Angst, die Räuber sind sicherlich nicht bissiger als eine Forelle. Begleiten Sie sie ruhig auf ihren Patrouillen durch die Bucht. Genau hinsehen heißt es an Felsen. Hier haben sich oft Steinfische niedergelassen. Diese Tiere gehören zu den giftigsten, die die Natur geschaffen hat – meiden Sie vor allem den

Die Wahl des Gewässers

Jedes Gewässer, ob Süßwasser (d. h. Fluss oder See), gemäßigte Meere oder Tropenmeere ist fürs Schnorcheln geeignet

ABC-Taucher beachten die Gebots- und Verbotshinweise

Insbesondere ist Rücksicht auf die Umwelt zu nehmen

Rückenstachel. Trompetenfische, ab und zu Schildkröten, Muränen und Zackenbarsche komplettieren das Bild des Riffs.

Auf eines jedoch ist zwingend zu achten: Auch für Schnorchler gibt es gesperrte Gewässer, in denen die Ausübung von Wassersport verboten ist. Das kann einem auch in den Tropen, hier vor allem an den Privatstränden von Anwohnern, geschehen. Schnorchler respektieren diese Tabuzonen selbstverständlich. Denn es ist unserem Sport wenig dienlich, wenn über/gegen rücksichtslose Apnoeisten geklagt, geschimpft oder gar gerichtlich vorgegangen wird.

Ob aber Tropenriff oder Mittelmeer, Kanaren oder Süßwasser: Den Beschreibungen von Lebensräumen haben wir wiederum eigene Kapitel gewidmet. Wie diese aufgebaut sind und was darin lebt, das erfahren Sie unter »Kurze Gewässerkunde für Schnorchler« bzw. unter »Kleiner Biologieführer für Schnorchler«.

Die Sache mit der Fitness

Rechtlich gesehen darf jeder Mensch schnorcheln, ohne irgendeine Bewilligung ähnlich dem Führerschein, Jagdschein oder Flugschein zu besitzen. Die Ausbildungsorganisationen bieten jedoch ein Brevet an, das die wichtigsten Grundlagen des Schnorchelns vermittelt und später prüft. Darüber hinaus kann eigentlich jeder schnorcheln, der einigermaßen fit ist. Anders als bei Jogging oder Walking brauchen die Beine den Körper ja nicht zu tragen. Das erledigt das Wasser. Der ABC-Taucher sorgt kraft seiner Beine und Flossen lediglich für den nötigen Vortrieb.

Trotzdem ist eine gewisse Grundfitness wünschenswert und dient vor allem der Sicherheit. Gerade im Meer kann es zu tückisch auftretenden Strömungen kommen. Der trainierte Taucher wird dies leicht meistern, der »nasse Sack« bekommt Schwierigkeiten.

Am besten lässt sich ein Neuling vor Beginn seiner Trainingseinheiten auf Herz und Nieren durchchecken. Dies kann durchaus bei einem ganz normalen praktischen Arzt geschehen. Auf was dieser in der Regel mit Tauchern unerfahrene Mediziner achten muss, sagen ihm die verschiedenen Ausbildungsorganisationen. Hier gibt es Checklisten, nach denen ein untersuchender Arzt einfach vorgehen kann. Schwerpunkte der Untersuchung sind die Ohren und das Herz-Kreislauf-System. Auch zu diesem Schwerpunkt haben wir Ihnen selbstverständlich ein eigenes Kapitel zugefügt: »Damit Sie keinen Medizinmann brauchen«.

Eine gewisse Grundfitness gehört dazu – diese trainiert man am besten im Schwimmbad.

Schnorchelneulinge werden von ihrem neuen Sport bald begeistert sein. Das heißt: Ein Sport ist es ja nicht wirklich. Es kommt nicht auf die körperliche, sondern vielmehr auf die seelische Ertüchtigung, auf das Erlebnis in einem fremden Element an. Auf Tierbegegnungen. Auf Abenteuer. Und noch auf etwas, was in der heutigen Zeit der Hektik und des Stresses meistens vergessen wird: das Naturerlebnis. Der Mensch erlebt fremde Kreaturen in ihrem, uns nicht geläufigen Element. Wir sind zu Gast in einer Welt, in der uns die einfachste Amöbe haushoch überlegen ist. Wie plump wirken wir, wenn wir uns strampelnd gegen die Strömung stellen; wie elegant der Aal, der einfach spielerisch davongleitet. Dieses Erlebnis könnte uns Anlass dazu sein, fremde Welten und Kulturen zu respektieren und zu verstehen versuchen.

Hinweise zur Fitness

Schnorchler sollten über eine Grundfitness verfügen

Diese kann man sich leicht antrainieren

Vor dem ersten Schnorcheltraining: Den Arzt konsultieren

Untersuchungsbögen gibt es bei den Ausbildungsverbänden

Im Mittelpunkt des Interesses beim Arzt stehen das Ohr und der Herz-Kreislauf-Apparat

Kapitel 2

Ausrüstung

■ Schnorcheln in einem Kaltwassergebiet erfordert neben der Grundausrüstung (Maske, Schnorchel, Flossen) auch einen ausreichenden Kälteschutz in Form eines Neopren-Anzuges und Bleigewichte gegen den Auftrieb.

Kapitel 2:
Mit der richtigen Ausrüstung machts Spaß

Schnorcheltauchen ist vergleichbar mit vielen Sportarten, bei denen es erforderlich ist, Ausrüstung anzuschaffen. Da gibt es die Grundausrüstung, sinnvolles, ja oft unverzichtbares Zubehör und jede Menge Accessoires, die nicht unbedingt sein müssen, jedoch dem Komfort dienen, dem Erscheinungsbild oder einem zusätzlichen Hobby. Zum Vergleich: Ski fahren kann man nur mit entsprechenden Schuhen, die fest auf den Skiern fixiert sind. Doch schon die Stöcke müssen nicht unbedingt sein, der Skianzug schon gar nicht – eine Jeans oder ein Trainingsanzug genügen. Die Skibrille jedoch ist schon wieder derart wichtig, dass sie zwar wegfallen könnte, wir deren Fehlen jedoch empfindlich bemerken würden.

Ganz genau so verhält es sich mit dem Schnorcheln. Wer Fische beobachten will, der braucht zwingend eine Tauchermaske – sonst schwimmt er nahezu blind durchs Gewässer. Wer nicht immer seinen Kopf zum Atmen heben will, der muss einen Schnorchel sein Eigen nennen. Und wer ausgedehnte Spaziergänge am Riff unternehmen will, der sollte sich eine Schwimmhilfe in Form von Flossen zulegen.

Hier sind sie also beieinander: Die drei Bestandteile einer Taucherausrüstung, die man die Grundausrüstung oder die ABC-Ausrüstung nennt. Betrachten wir uns die einzelnen Bestandteile einmal genauer.

Die Tauchermaske

Während frühe Modelle aus Kautschuk, später dann aus Gummi hergestellt waren, gibt es heute fast ausschließlich nur noch Tauchermasken, deren Maskenkörper aus Silikon hergestellt sind. Silikon ist ein milchigweißer, fast durchsichtiger Kunststoff (es gibt ihn aber auch in vielen Farben abgetönt), der außerdem durch einen angenehmen Tragekomfort besticht. Mit zu diesem Tragekomfort gehört sicherlich auch der Vorteil, dass der Tunnelblick, den eine Maske aus undurchsichtigem Gummi be-

■ Das ist neu: Schutzkappe für die Ohren aus Silikon. So können auch Menschen mit defektem Trommelfell oder Menschen, die zu Infektionen des Gehörganges neigen tauchen und schnorcheln.

■ Masken mit einer großen Frontscheibe für viel Durchblick. Der Nachteil ist der große Totraum im Maskenkörper (Volumen).

dingt, wegfällt. In den Maskenkörper eingearbeitet sind links und rechts Schnallen zum Anbringen des Haltebandes und ein Nasenerker. Letzterer ist deshalb wichtig, weil beim Abtauchen der Druck auf die Trommelfelle zunimmt und der Taucher durch Zuhalten der Nase Gegendruck vom Rachenraum durch die eustachische Röhre ins Mittelohr pumpt. Genauer beschrieben haben wir diesen Vorgang des so genannten Druckausgleichs im Kapitel »Damit Sie keinen Medizinmann brauchen«.

Der Maskenkörper ist nach vorne, das heißt in Blickrichtung, durch die Sichtscheibe abgedichtet. Eine große Sichtscheibe bedeutet natürlich ein weites Blickfeld, das allerdings durch einen anderen Nachteil erkauft wird: einen großen Totraum. Totraum bedeutet, dass die (durch die große Sichtscheibe bedingt) Maske einen großen Inhalt fasst. Eine der ersten Übungen, die ein Schnorchler beherrschen lernt, ist das Ausblasen der Maske unter Wasser, wenn Flüssigkeit eingedrungen ist. Dazu legt der Taucher den Kopf in den Nacken,

■ Moderne Tauchermaske mit geringem Totraum.

■ So wird die Dichtigkeit geprüft: Die Maske wird ohne die Bänderung zu fixieren aufs Gesicht gelegt ...

■ Tauchermaske für Fehlsichtige. Im unteren Teil der Sichtscheiben wurden Korrekturgläser aufgeklebt, dazu ist ein Spezialkleber notwendig, der denselben Brechungsindex wie Glas aufweist. Das ist eine Arbeit für den Fachmann.

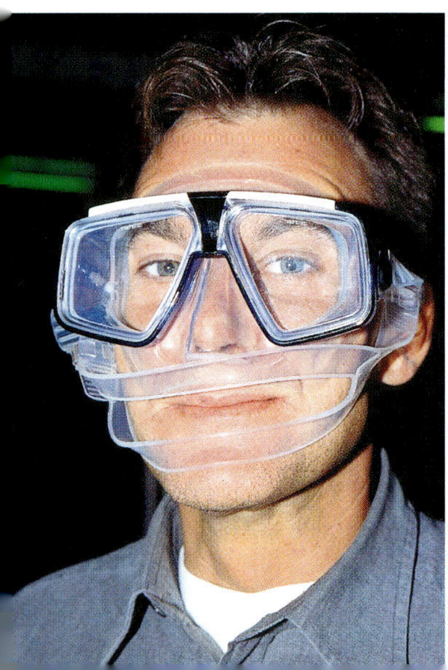

■ .und durch leichtes Einatmen durch die Nase wird im Totraum ein Unterdruck erzeugt. Die Maske muss jetzt, wie auf unserem Bild, am Gesicht haften bleiben, ohne dass das Band sieh hält.

drückt die Maske mit einer Hand an der Stirn fest und atmet durch die Nase aus. Das Wasser wird dadurch von der einströmenden Luft aus dem Maskenkörper hinausgedrückt. Ein großer Totraum bedeutet natürlich, dass der Schnorchler auch viel Luft aus der Lunge abatmen muss. Moderne Masken sind heute etwa so konstruiert: Kleine, geringe Toträume bildende Sichtscheiben sitzen nah am Auge. Das hält einerseits die Maske klein, bietet andererseits jedoch den Vorteil eines günstigen Sichtwinkels. Da der Blick des Tauchers in der Regel nach unten gerichtet ist, bot sich die Tropfenform an, die heute in fast jedem Maskenkonzept verwirklicht ist.

Damit der Durchblick stimmt: Tipps für den Maskenkauf

Dichtigkeit: Sie drücken die Maske Ihrer Wahl aufs Gesicht und atmen durch die Nase leicht ein. Die Maske muss jetzt, ohne dass das Halteband übergestreift ist, am Gesicht haften – alleine durch den leichten Unterdruck.

Sitzkomfort: Es gibt Masken, die sind einem sofort sympathisch oder unsympathisch. Das liegt am Sitzkomfort. Probieren Sie ruhig mehrere Masken aus, bis Sie sagen: »Das ist sie!«

Totraum: Entscheiden Sie sich für die kleinste, Ihnen bequeme Maske.

Ersatzteile: Nehmen Sie gleich ein zweites Maskenband mit dazu. Fatal, wenn mitten im Indischen Ozean das Originalband reißt. Die Bänder gibt es als Gummi- oder als Silikonausführung. Entscheiden Sie sich für das Material, in dem auch der Maskenkörper gefertigt ist, es kann sonst Verfärbungen geben. Eine sinnvolle Alternative sind Bänder aus Neopren. Diese sind komfortabler, da sie nicht an den Haaren zupfen. Fällt die Maske einmal ins Wasser, versinkt sie nicht, das Band hält sie oben.

Glasqualität: Achten Sie darauf, dass das Glas ein splitterfreies Sicherheitsglas ist.

Erstbehandlung: Silikonmasken beschlagen leicht. Besonders unmittelbar nach dem Kauf sind sie fast nicht klar zu bekommen. Das kommt von leichten chemischen Rückständen aus der Fertigung. Ein Trick: Maskenglas und -körper großzügig mit Zahnpasta reinigen. Später mit einem milden Spülmittel säubern.

Bei Bedarf diese Prozedur mehrmals wiederholen. Achtung: Die Scheibe nicht zu sehr wischen, Zahnpasta ist leicht körnig und zerkratzt leicht die Scheibe.

Antibeschlag: Um das Beschlagen während des Tauchganges zu vermeiden, spuckt man vorher einfach nur kräftig in die Maske und verreibt den Speichel sorgfältig. Maske mit klarem Wasser ausspülen, Gesicht gut mit Wasser kühlen. Tipp: Die Maske muss dazu vollständig trocken sein. Ausgewaschen wird sie später im Meer und nicht, wenn beispielsweise von einem Schiff aus geschnorchelt wird, im Frischwassereimer auf Deck.

Sonderfall Fehlsichtigkeit: Wer weit- oder kurzsichtig ist, der kann sich in seine normale Maske Korrekturgläser einbringen lassen. Für einfache Fehlsichtigkeiten bietet die Industrie günstige Fertigmasken in vielfachen Dioptrienstärken an. Korrekturgläser für kompliziertere Fehlsichtigkeiten sollten von einem Spezialisten, das heißt einem Optiker, korrigiert werden und sind deshalb entsprechend teuer. Umstritten ist das Tauchen mit Kontaktlinsen. Wird die Maske geflutet oder gar abgerissen, kann eine Kontaktlinse leicht weggespült werden. Dies betrifft vor allem die jedoch immer mehr aus der Mode kommenden Glaslinsen.

Tipp für die Urlaubsreise: Gute Tauchshops geben einem gegen Hinterlegung einer Kaution in Folie verschweißte Ersatzgläser für die Tauchermaske mit. Bricht ein Glas, so kann es vor Ort leicht ausgetauscht werden. Geht alles glatt, so gibt man die Ersatzgläser einfach wieder zurück.

Ob die Maske, ähnlich einer Brille, zwei Gläser besitzt (für jedes Auge ein separates) oder eine einzige, große Sichtscheibe, war bis vor wenigen Jahren noch eine Glaubensfrage unter erfahrenen ABC-Tauchern. Der Nachteil der Sichtscheibe war, wie beschrieben, der große Totraum. Der Nachteil der geteilten Scheiben war, dass Fertigungstoleranzen während der Herstellung es möglich machten, dass die beiden Scheiben nicht genau plan nebeneinander lagen. Dadurch sah der Nutzer alles doppelt. Bei modernen Masken sind diese Fehler weitgehend ausgemerzt, heute sind 90 Prozent aller auf dem Markt befindlichen Masken mit Doppel-Gläsern ausgerüstet. Denn diese Bauweise bietet viele Vorteile. Zum einen können Gläser, sollten sie zu Bruch gehen, einzeln ersetzt werden. Zum anderen bietet diese Bauweise den Vorteil, dass Brillengläser für Fehlsichtige leicht eingebaut werden können. Beim Kauf ist, außer der genauen Passform, auch auf die Lage des Mittelsteges zu achten. Manchmal stört er im Sichtfeld, dann sollte man ein anderes Modell testen.

■ Ein einfacher Schnorchel mit geradem Rohr und Mundstück. Zwischen das Rohr und den kleinen Bügel auf der linken Seite wird das Maskenband geführt. Gut: Das durchsichtige Mundstück lässt Sporenbildung rechtzeitig erkennen.

Der Schnorchel

Es ist unglaublich, wie viel man über ein Stück Plastikrohr mit Mundstück – nichts anderes ist ein Schnorchel – wissen muss. Das Plastikrohr schien den deutschen Behörden sogar so wichtig, dass man ihm eine eigene DIN-Norm widmete. Beschäftigt man sich etwas näher mit der Sache, dann wird man feststellen, dass der Amtsschimmel so Unrecht nicht hatte.

Stellen wir uns einmal vor, wir hätten einen drei Meter langen und fünf Zentimeter Durchmesser aufweisenden Schnorchel. Damit tauchen wir drei Meter tief ab, sodass nur noch wenige Zentimeter des Rohrs aus dem Wasser ragen. Stellen wir uns weiter vor, dass wir damit atmen könnten (das geht nicht, warum erklären wir Ihnen im Kapitel »Etwas Tauchphysik muss sein«). Was geschieht? Eine durchschnittlich große Lunge eines Mannes hat vier bis sechs Liter Volumen. Der von uns gerade definierte Schnorchel hätte nach der Formel »Radius × Radius × 3,14 × 300 cm Länge« ebenfalls

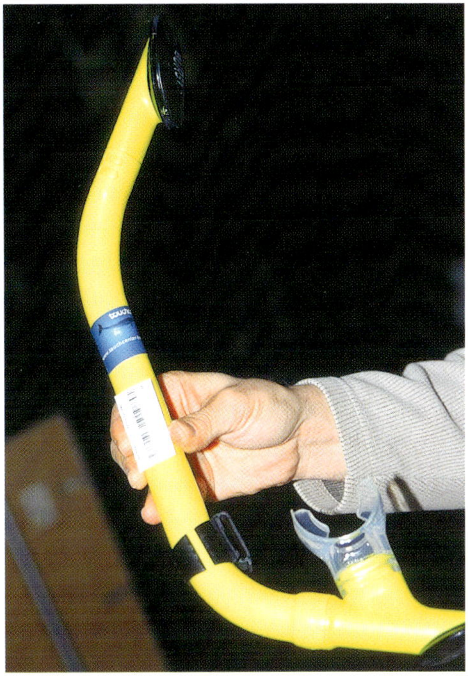

■ Das ist Formel 1: Ein ergonomisch geformter und strömungsoptimierter Schnorchel mit Ausatemventil. Das eingedrungene Wasser wird nicht nach oben durchs Rohr abgeblasen, sondern nach unten durch die Schwerkraft abgeleitet. Tipp: Das Auslassventil von Zeit zu Zeit warten, sonst »röchelt« der Schnorchel.

fast sechs Liter Luftinhalt. Wir wären also überhaupt nicht in der Lage, die Luft im Schnorchel durch unsere Atemtätigkeit auszutauschen. Vielmehr würden wir immer wieder unsere eigene, soeben ausgeatmete Luft einsaugen. Dieses Phänomen nennt man Pendelatmung.

Umgekehrt suchen wir uns jetzt einen Schnorchel aus, der ca. 40 Zentimeter lang ist und eine ein Zentimeter große Öffnung hat. Jetzt stellt sich zwar das Problem der Pendelatmung nicht mehr, dafür bekommen wir es mit einem anderen Phänomen zu tun: Durch die vergleichsweise enge Öffnung strömt zu wenig Luft, der Atemwiderstand steigt, damit auch unsere Atemarbeit. Wir verbrauchen zu viel Energie für die Atemtätigkeit und ermatten früh.

Wie also sieht ein vernünftiger Schnorchel aus? Er ist etwa 30 bis 40 Zentimeter lang und etwa zwei Zentimeter dick. Das Rohr ist aus einem stabilen Material, sodass es nicht abknicken oder zugedrückt werden kann. Die Farbe ist auffällig, so wird man im Notfall gut gesehen. Das Mundstück sollte komfortabel im Mund liegen. Kinder und zierliche Frauen benötigen selbstverständlich entsprechend kleinere Schnorchel.

Ob der Schnorchel ergonomisch gebogen ist, ein Ausatemventil aufweist und/oder eine zusätzliche Befestigungsmöglichkeit für die Maskenbänderung, ist marginal und bleibt dem Komfortanspruch des Trägers vorbehalten. Angemerkt sei jedoch, dass ergonomisch, strömungsgünstig konstruierte

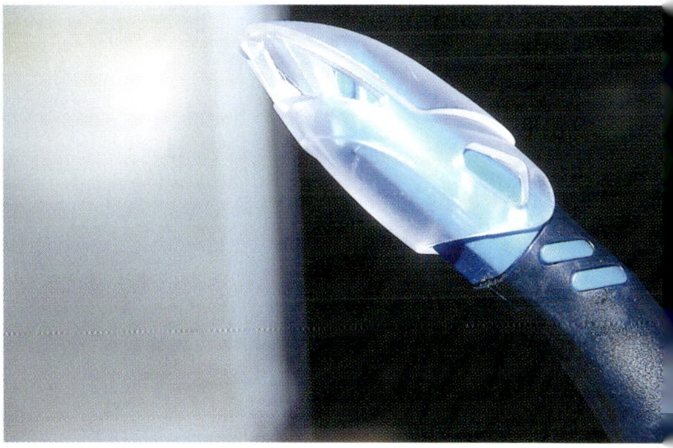

■ Das ist neu: ein Wellenabweiser auf dem Rohr gegen Spritzwasser.

Tief durchatmen:

Wissenswertes zum Thema Schnorchel

Achtung Pendelatmung

Ein zu groß dimensionierter Schnorchel kann nicht vollständig mit Frischluft gefüllt werden. Der Schnorchler atmet seine verbrauchte Luft wieder ein. Man nennt dies Pendelatmung.

Achtung Atemarbeit

Ein zu enger und zu kleiner Schnorchel erhöht den Atemwiderstand und damit die Atemarbeit.

Ideal

Ein Rohr zwischen 30 und 40 Zentimeter lang und 2 cm dick. Sicherheit bieten Signalfarben.

Finger weg!

Schnorchel, die durch mechanische Vorrichtungen geschlossen werden können, sind lebensgefährlich. Sie sind zwar verboten, werden aber immer noch ab und zu gesehen, zum Glück ganz selten.

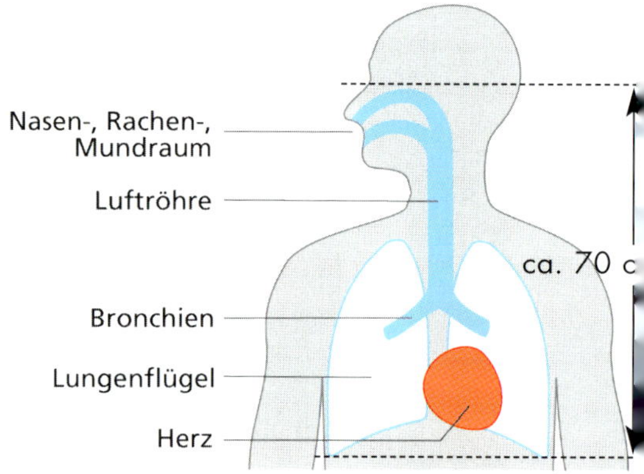

■ Die Grafik zeigt die Toträume unseres Atemapparates (blau abgesetzt): Mund-, Nasen-, Rachenraum, Luftröhre und Bronchien.

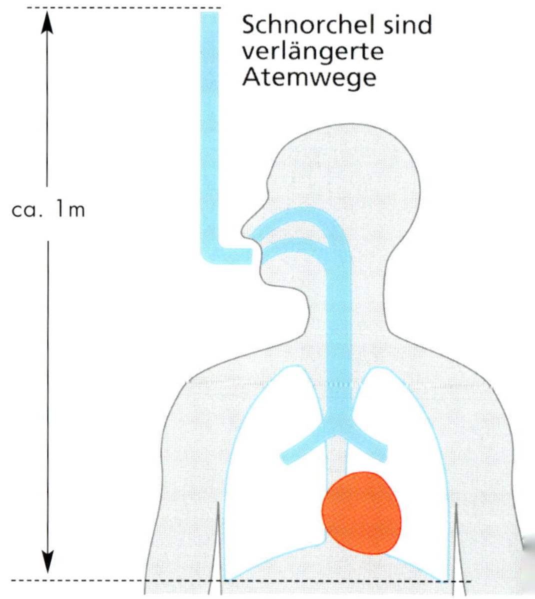

■ Die Grafik verdeutlicht, wie ein zu großer Schnorchel den Totraum unseres Atemapparates vergrößert.

Teile das Wasser besser ableiten. Der Schnorchel zittert nicht in der Strömung. Zitternde Schnorchel sorgen für undichte Taucherbrillen – womit auch dieses Problem behoben wäre.

Streng verboten: Noch immer geistern im Handel Schnorchel umher, deren Einatemöffnung mit einer mechanischen Schließeinrichtung ausgestattet ist. Gängige Mechanismen sind Tischtennisbälle oder Schwimm-Ventile, die die Öffnung beim Abtauchen nach dem Auftriebsprinzip verschließen. Solche Schnorchel sind eine Gefahrenquelle par excellence, in den 60er- und 70er-Jahren erstickten Hunderte von Kindern und Jugendlichen, weil sich der Schließmechanismus nicht mehr öffnete. Selbst als in den 80er-Jahren der Gesetzgeber diese Art von Schnorchel verbot, wurden sie aus dem Ausland weiter eingeführt. Merke: Ein Schnorchel muss zwingend nach oben offen sein.

Eine Ausnahme bilden die derzeit in Mode kommenden Wellenabweiser, drehbare Aufsätze auf das Schnorchelrohr. Diese verschließen die Öffnung nicht, sie schützen die Öffnung lediglich vor möglicherweise einschwappendem Wasser.

■ Eine Auswahl an Schwimmbadflossen mit geschlossenem Fußteil. Geeignet sind diese fürs Training im Bad oder zum Schnorcheln in warmen Gewässern.

Kleines Flossen-Brevier: Mit Power durch den Ozean

Modelle

Wir unterscheiden zwei Modelle. Fußteilflossen und Fersenbandflossen. Fußteilflossen sind gut fürs Training im Bad und in den warmen Tropengewässern. Fersenbandflossen sind dafür hergestellt, Füße, die mit dicken Füßlingen vor Kälte geschützt sind, aufzunehmen.

■ Flossen gibt es in vielerlei Ausführungen, Formen und Materialien.

Effizienz

Flossen mit großem und hartem Blatt sind effizient und sorgen für schnellen Vortrieb. Wegen dem hohen Energieaufwand sind solche Flossen jedoch nur für den Sportbereich geeignet.

Kraft

Harte und große Flossen erfordern jedoch auch eine Menge Kraft und sind deshalb für Anfänger nicht geeignet.

Komfort

Weiche Flossenblätter sind komfortabler (das heißt, man braucht weniger Kraft). Sie eignen sich deshalb besonders gut für das Freizeitvergnügen.

Kauftipp und Verwendung

Lassen Sie sich vom Händler drei bis vier Paar für ein Wochenende mit nach Hause geben. Tragen Sie die Flossen vor dem Fernseher. Schnell werden Sie herausfinden, welches Modell Ihnen am meisten zusagt. Flossen sind zum Schwimmen da und nicht zum Laufen. Sie werden deshalb immer erst im Wasser angezogen. Auch bei der Anprobe damit nicht herumlaufen.

Schließlich noch ein Hinweis zur Hygiene. Überall dort, wo sich Feuchtigkeit mit Wärme paart, also im Hallenbad oder am Meer, gedeihen Pilze besonders gut. So auch im Schnorchel. Sinnvoll ist deshalb, ein Mundstück aus durchsichtigem Silikon zu wählen. Sporen werden dann rechtzeitig gesehen und können bekämpft werden.

Die Flossen

Zunächst einmal unterscheiden wir zwei Bauarten von Flossen. Da gibt es zum einen diejenigen mit einem geschlossenen Fußteil. Und da gibt es jene Modelle, die den Fuß mit einem Fersenband fixieren. Die Flosse mit geschlossenem Fußteil nennt man auch Schwimmbadflosse, weil sie eine sehr beliebte Flosse für das Training im Pool ist. Man kann nämlich barfuß hineinschlüpfen, braucht weder Socke noch Füßling. Schwimmbadflossen eignen sich außerdem für das Schnorcheln in warmen Meeren.

Die Fersenbandflossen sind gut für Taucher geeignet, die ihre Füße wegen geringer Wassertemperaturen mit dicken Füßlingen schützen müssen. Das Fersenband lässt sich per Klickverschluss leicht entfernen, der Füßling schlüpft hinein und dann wird das Band wieder fixiert – eine komfortable Geschichte. Wer also vorhat, sowohl im Hallenbad zu trainieren und später auch noch in unseren kalten Gewässern zu schnorcheln, der deckt sich beim Einkaufen am besten gleich mit beiden Modellen ein.

Bei der Auswahl der Flossen ist außerdem auf deren Beschaffenheit zu achten. Die Faustformel: Je größer und härter das Flossenblatt ist, um so effizienter gestaltet sich der Antritt. Andererseits aber steigt auch der Kraftaufwand, der für den Vortrieb aufgewendet werden muss. Wer Schnorcheln vor allem als sportliche Disziplin mit Sprints und Staffelwettbewerben betreiben will, der entscheidet sich also für so ein hartes Blatt.

■ Flossen mit Fersenband. Diese Modelle nehmen den Fuß mit Kälteschutz auf.

Schnorchler, die es aber hinaus in die Gewässer zieht, um dort ausgedehnte Spaziergänge zu unternehmen, sind mit einem mittelharten bis weichen Blatt besser dran. Flossen gibt es heute, neben den herkömmlichen Formen, in vielen Varianten. Beispielsweise zweigeteilt oder in Form von Enten- und Froschfüßen (so genannte »Frogs«). Wieder geht das individuelle Gefühl vor Modeerscheinungen. Wichtig wäre nur noch eines: Achten Sie beim Kauf darauf, dass das Flossenblatt Strömungskanäle fürs Wasser aufweist und nicht glatt ist. Das ist wichtig für einen geraden Vortrieb.

■ Flossen sind zum Schwimmen da und nicht zum Wandern. Der Verschleiß ist zu groß, die Lebensdauer sinkt. Besonders beansprucht wird der Übergang von Blatt zu Fußteil.

■ In vielen Ländern für Schnorchler und Taucher Pflicht ist das Mitführen einer Boje wie dieser. International verbreitet ist das Hinweiszeichen auf Taucher – das rote Rechteck mit dem diagonalen weißen Balken. Korrekt ist das Zeichen jedoch nicht. Das gesetzlich vorgesehene wäre die Alpha-Flagge.

Zusatzausrüstung dient Sicherheit und Komfort

Neben diesen unverzichtbaren Utensilien für den ABC-Taucher gibt es eine Menge an Zusatzausrüstung, die einerseits klar der Sicherheit dient. Andererseits gibt es eine Menge an Dingen, die uns das Schnorcheln einfach nur zu einem bequemen Freizeitvergnügen machen.

Die Signalboje

Signalbojen sind an vielen Küsten dieser Erde für Schnorchler Pflicht. Es handelt sich um aufblasbare Plastikgebilde, die meistens einen roten Wimpel mit einem weißen Diagonalbalken tragen, selten auch eine blau-weiß in Längsrichtung geteilte Flagge. Dieser letztbeschriebene Wimpel ist zwar das nach internationalem Recht offizielle Hinweis-Zeichen auf Taucher, weltweit eingebürgert hat sich jedoch die rote Variante. Bootssportler erkennen in der Regel

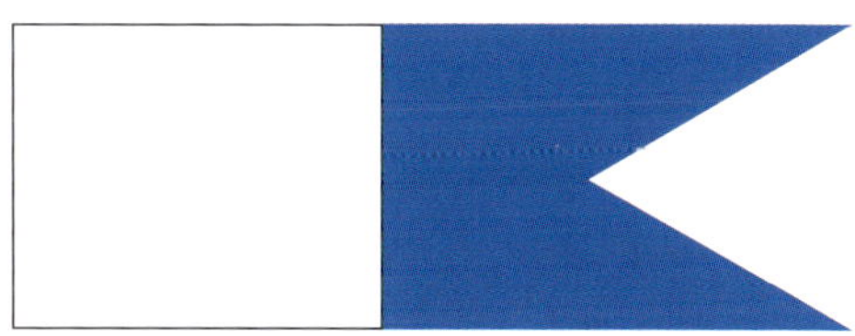

■ Alpha-Flagge – signalisiert Bootsführern »Taucher unter Wasser«

Sicherheit geht vor:

Im Notfall hat man das besser dabei

Standard

Wer an Küsten und in stark befahrenen heimischen Gewässern schnorchelt, der muss eine Boje mit sich führen. Diese zeigt einen roten, rechteckigen Wimpel mit weißem, diagonal verlaufendem Balken (weit verbreitete und bekannt, aber eigentliche nicht korrekt) oder die blau-weiße, gekerbte Alpha-Flagge (nach internationalem Seerecht vorgeschrieben, aber wenig gebräuchlich).

Optische Signalmittel

Für Notfälle sollte man große, weithin sichtbare Bojen mit sich führen, Signallampen, Stroboskopblitze oder Leuchtpistolen (so genanntes Nicosignal – wird ohne Waffenschein an Wassersportler abgegeben).

Akustische Signalmittel

Die altehrwürdige Trillerpfeife ist Standard, neu ist ein akustischer Funkgeber, der Notsignale in internationale Notrufkanäle einspeist.

beide Zeichen und fahren um Taucherbojen großzügige Kurven. Der Schnorchler schleppt diese Bojen während seiner Spaziergänge im Wasser einfach hinter sich her. Signalbojen haben unten eine Öse, an der der Schnorchler eine Wäscheleine anbringen kann. Diese spult er beim Abtauchen ab, sodass er auch auf Tiefe die Boje immer über sich hat.

Notsignalmittel

Zusätzlich zu dieser Boje empfiehlt sich die Mitnahme von Signalmitteln. Diese dienen dazu, sich in einem Notfall bemerkbar zu machen. Wir unterscheiden optische und akustische Signalmittel. Zu den optischen Signalmitteln zählen Bojen und Blitzlichter, Lampen, Spiegel, Farbe zum Färben des Wassers. Es gibt sogar eine waffenscheinfreie und wasserdichte Signalpistole für Taucher, die Leuchtkugeln verschießt. Zu den akustischen Mitteln zählen beispielsweise Trillerpfeifen. Gerätetaucher können an ihrer Luftversorgung zusätzlich eine Art Hupe anbringen, die direkt aus der Flasche gespeist wird und einen durchdringenden Ton abgibt. Diese Möglichkeit gibt es für Schnorchler leider noch nicht. Von der Firma Scubapro gibt es jedoch einen kleinen, druckfest gekapselten Sender, der nach Aktivierung ein akustisches Signal in einen internationalen Funk-Notrufkanal abgibt.

Notsignalmittel sind immer dann mitzuführen, wenn Schnorcheltouren weitab der Küste unternommen werden sollen oder wenn schon am Ufer Strömungen bemerkt werden, die einen schnell davontreiben können.

Kälteschutz/Sonnenschutz

Wasser besitzt eine höhere Wärmeleitfähigkeit als Luft. Im Klartext bedeutet dies, dass selbst warmes Wasser dem Körper eine Menge Wärme-Energie entziehen wird. Besonders krass wird dies natürlich in heimischen Seen geschehen. Hier sollte der Schnorchler, will er ausgiebige Ausflüge unternehmen, einen soliden, um die vier Millimeter dicken Neopren-Anzug wählen. Zwingend notwendig ist eine Kopfhaube, die das Kältezentrum des Menschen im Nacken schützt.

Wer einen Neopren-Anzug trägt, muss den Auftrieb, den der Anzug verleiht, durch Bleigewichte kompensieren, um die ideale Lage im Wasser zu erreichen. In der Regel genügen ein bis drei Bleigewichte. Faustformel: Pro Millimeter Anzugsstärke ein Kilogramm Gewicht verwenden (s. auch unten »Bleigurte«).

Auch im manchmal fast lauwarmen Wasser der Tropen ist Kälteschutz für längere Ausflüge zwingend notwendig. Anzüge für die Tropen sind nicht nur aus Neopren, sondern können auch aus einem dünnen aber strapazierfähigen Kunststoffgewebe (Lycra) hergestellt sein. Solche Tropentauchanzüge, die es in vielen verschiedenen Mustern und Ausführungen (als kurze Hose mit kurzem Arm oder langärmlig/-beinig usw.) gibt, liefern – im Gegensatz zum Neopren – keinen Auftrieb. Bleigewichte sind deshalb unnötig, ja gefährlich. Ein Anzug in den Tropen nimmt noch eine andere Funktion wahr: die des Sonnenschutzes. Gerade ungebräunte, bleiche Europäer bekommen leicht und heftig Sonnenbrand. Wer nur kurze Exkursionen vom Strand aus unternimmt, kann sich mit einem T-Shirt behelfen, wenn er die teure Ausgabe für einen Tropi sparen möchte.

■ Ein so genannter »Shorty« schützt den Schnorchler in warmen Gewässern vor Sonnenbrand und Auskühlung.

Bleigurte

Wer mit einem Neopren-Anzug taucht, der muss sich mit einem Gewichtsgürtel aus-

Ist ganz hilfreich aber nicht nötig: Uhr und Tiefenmesser (hier ein Kombigerät aus beiden Funktionen) zeigen Tauchzeit und -tiefe an.

rüsten. Es gibt einfache aus einem strapazierfähigen Nylongewebe, an die Bleistücke einfach aufgefädelt werden. Ferner gibt es Softgurte, die wie eine Geldkatze aussehen – nur, dass diese eben mit Bleischrot gefüllt ist. Dieses legt sich optimal an die Figur des Tauchers an.

Warnung: Normale Gürtel sind für den Gebrauch im Wasser nicht geeignet, ja sogar lebensgefährlich. Ein Bleigurt muss zwingend mit einer Schnellabwurfschnalle versehen sein. Im Notfall lässt diese sich leicht öffnen und der Bleigurt abwerfen – mit einer Hand. Der Gurt kann später wieder geborgen werden, es bietet sich deshalb eine auffällige Farbe an.

Tarierhilfe

Für Schnorchler bieten einige Hersteller leichte, kleinvolumige Tarierlätzchen in Signalfarbe an. Diese können über ein Mundstück oral aufgeblasen werden. Vor dem Abtauchen lässt man, ebenfalls über dieses Mundstück, das Luftpolster ab. Diese Tarierhilfen können ein gutes Stück Sicherheit in Strömungen sein oder aber einfach nur komfortabel, wenn es gilt, lange Strecken zurückzulegen.

Achtung: Tarierlätzchen werden mit einem Rückengurt und einem Schrittgurt am Menschen fixiert. Der Bleigürtel (siehe oben) muss zwingend über diese Bänderung angelegt werden. Wird er zuerst angelegt, so verläuft später die Bänderung der Tarierhilfe über dem Gurt. Was geschieht im Notfall? Der abgeworfene Bleigurt bleibt zwischen den Beinen in der Bänderung der Tarierhilfe hängen. Lebensgefahr!

Lampe

Walti Guggenbühl, einer der beiden bekannten und beliebten Inhaber und Betreiber der Subex-Tauchbasis auf Elba pflegte zu sagen: »Ohne Lampe zu tauchen ist wie nachts durch einen Blumengarten gehen.« Wie Recht er hat. Durch die Filterwirkung des Wassers fallen nach und nach Farben aus dem Spektrum heraus. Direkt unter der Wasseroberfläche kommen jedoch noch alle Farben zur Geltung. Das haben wir in unserem Physik-Kapitel näher beschrieben.

Tiefenmesser

Wer frei tauchend absteigt und den Überblick über Zeiten und Tiefen behalten will, kann sich eine Uhr und einen Tiefenmesser oder ein Kombigerät besorgen. Herauszustellen sei, dass diese Anschaffung wohl zu den letzten gehört, die selbst ein sportlich ambitionierter Freitaucher tätigen wird. Armaturen dienen lediglich der Kontrolle darüber, ob man Tiefen und Tauchzeiten mit wachsender Übung und Erfahrung ausdehnt.

Als Tiefenmesser böten gerade die nach dem Boyle-Mariotte'schen-Gesetz arbeitenden Geräte (siehe »Etwas Tauchphysik muss sein«) eine preiswerte und für Schnorchler absolut ausreichende Alternative. Leider werden diese Tiefenmesser, die gerade im interessanten Schnorchelbereich bis zehn Meter Wassertiefe äußerst exakt anzeigen, nicht mehr hergestellt.

Uhr

Diese wird in der Regel nicht nur fürs Schnorcheln angeschafft, sondern soll auch als Alltagsuhr oder zur Verwendung in einer anderen Sportart wie Joggen oder Fahrrad fahren dienen. Es lohnt sich also, etwas mehr Geld zu investieren. Folgende Eigenschaften soll eine gute Taucheruhr aufweisen:

- Stabiles Metallgehäuse
- Solides Saphirglas
- Die Dichtigkeitsangabe soll jenseits der taucherisch erreichbaren Grenzen liegen
- Verschraubbare Krone
- Die Lünette darf nur im Uhrzeigersinn drehbar sein
- Sorgfältig gearbeitetes Band, möglichst mit Sicherung

Darüber hinaus ist darauf zu achten, dass eine Durchführung im Gehäuse ausreicht. Man bedenke, dass jede Gehäusebohrung ein potenzielles Leck darstellt. Chronometer-Funktionen mit Stoppuhr, zweiter Weltzeit usw. sind vernachlässigbar. In diesem Zusammenhang: Eine vernünftige Taucheruhr ist entweder eine Automatik oder quarzbetrieben. Tägliches Aufschrauben der Krone und Aufzug verschleißen die O-Ring-Dichtung.

Kleine Bemerkung am Rande: In Taucherkreisen kursiert die tiefe Weisheit, dass die Fähigkeiten des Tauchers in reziproker Relation zur Größe seiner Uhr stehen. Oder, anders ausgedrückt: Die dümmsten Taucher haben die größten Uhren.

Handschuhe

Im kalten heimischen See sind Handschuhe ein unverzichtbares Utensil. Umstritten allerdings sind sie in warmen Meeren. Umweltschützer beispielsweise lehnen Handschuhe generell ab. Ihre Argumentation liegt auf der Hand: Mit Handschuhen greift man leichter und unbeschwerter in Korallen, grapscht nach Fischen. In Bonaire (Karibik) beispielsweise dürfen weder beim Tauchen noch beim Schnorcheln Handschuhe getragen werden.

Anders argumentieren die Sicherheitsvertreter. Sie meinen, dass es ein großes Sicherheitsplus ist, wenn man beispielsweise durch Strömungen abgedriftet wird und sich mit einer gut geschützten (behandschuhten) Hand irgendwo festhalten kann. Am besten, jeder entscheidet diese kontrovers diskutierte Frage für sich.

Tauchermesser

Früher war das Tauchermesser die Bewaffnung zum Schutze gegen Haiangriffe. Obwohl man ziemlich schnell merkte, dass es gar nichts zu verteidigen gab, verschwand das Messer nicht aus dem Ausrüstungskatalog der Taucher und Schnorchler. Vielmehr wurde es jetzt dazu verwendet, Muscheln und Schnecken von Felsen abzuhebeln. Sammeln ist zwischenzeitlich verpönt, trotzdem bleibt uns das Messer als Werkzeug und Sicherheitsutensil erhalten. Man könnte es ja dazu brauchen können, um sich aus einem Fischernetz befreien zu können.

Wie soll es beschaffen sein? Eine rostfreie Edelstahlklinge und ein solider Griff kennzeichnen das Messer; eine stabile, starre Scheide dient der eigenen Sicherheit. Ob das Messer fürs Tragen am Gürtel oder am Bein ausgelegt ist, ist Geschmackssache. Die wichtigste Funktion (beim Kauf unbedingt darauf achten!) an einem Messer ist ansonsten der Kronkorkenöffner für Bierflaschen.

Alternative zum Messer: ein rostfreier Allesschneider in Form einer Schere oder Zange.

Tasche

Worin transportiert der komplett ausgerüstete Schnorchler dies alles? Natürlich in einer waschechten Tauchertasche. Sie ist fast schon Pflicht. Wer die Sachen nicht tragen will, der bekommt auch einen geräumigen Rollkoffer. Achten sollte man darauf, dass die Tasche wasserfest und abwaschbar ist, handwerklich gut gearbeitet, denn nasse Klamotten können ganz schön schwer sein.

■ Eine geräumige, solide verarbeitete Tasche nimmt die ganzen Gerätschaften auf.

■ Professionelle Tauchschiffe verfügen über ein Sauerstoff-Beatmungsgerägt für Notfälle.

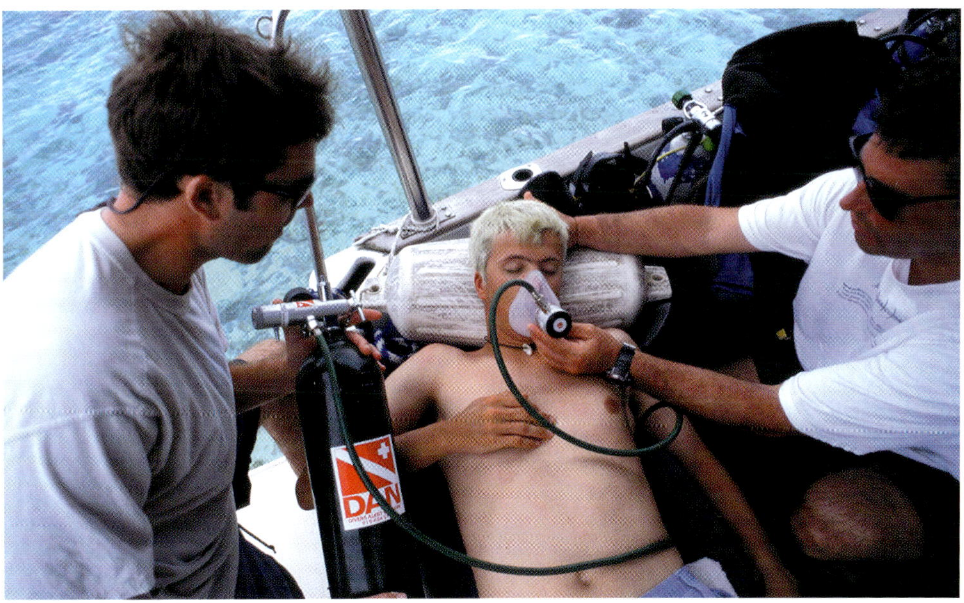

Kapitel 2a

Pflegetipps

■ Damit das nicht passiert, muss die Ausrüstung regelmäßig gecheckt und gewartet werden.

Pflegetipps: Lange Freundschaft

Wer seine Ausrüstung gut pflegt, der hat lange Freude an ihr. Sehr pflegeintensiv sind beispielsweise Anzüge und Tarierhilfen, selbstverständlich technisches Gerät wie Kameras und Gehäuse und auch die ABC-Ausrüstung selbst braucht ab und zu etwas Wartung.

Grundsätzliches

Die Regel sind Schnorchelausflüge an Meeresgestaden. Meerwasser ist salzhaltig, Salzwasser ist aggressiv. Die gesamte Ausrüstung wird deshalb später mit Süßwasser ausgiebig gespült.

Tauchanzüge

Nach einem Süßwasser-Spaziergang wird der Neopren-Anzug getrocknet, bevor er in den Schrank oder in die Truhe zurückwandert. Im Sommer bitte nicht in die pralle Sonne legen, UV-Strahlung schadet dem Material. Auf gute Durchlüftung achten, etwa in einen Baum hängen oder über mehrere Drähte einer Wäschespinne.

Kaschierte Anzüge, die mit grobem Dreck oder gar Öl in Berührung kamen, kann man ganz normal in einer ausreichend großen Waschmaschine waschen. Achtung: Feinwaschmittel und den Schongang anwenden. Mit Tropentauchanzügen verfährt man ebenso. Für Öl-Verschmutzungen gibt es spezielle Reiniger im Fachhandel.

Masken, Schnorchel, Flossen

Nach einem Tauchgang im Meer mit Süßwasser spülen. Bänderungen und Mundstücke regelmäßig prüfen. Poröse oder beschädigte Teile rechtzeitig austauschen. Manche Hersteller bieten spezielle Kunst-

■ Nach einem Tauchgang im Salzwasser ist Spülen mit Süßwasser Pflicht. Auch ständige UV-Bestrahlung verkürzt die Lebensdauer der Ausrüstung.

stoff-Pflegemittel für diese Ausrüstungsteile an. Auf Silikon bilden sich leicht Sporenpilze aus. Silikonsachen deshalb regelmäßig in verdünntem Essig baden, das tötet die Mikropilze ab. Für die Maske: Jede davon wird heute in einer Box verkauft, ein super Schutz gegen Glasschäden. Die Maske sollte vollständig trocken in die Box gelegt werden.

Tarierhilfe

Die Tarierhilfe wird regelmäßig mit Süßwasser gespült. Nach einem Tauchgang im Meer ist Salzwasser durch den Tarierschlauch eingedrungen. Wir lassen das durch den Abfluss ab und füllen das Lätzchen etwa zur Hälfte mit Süßwasser. Gut schütteln. Wasser ablassen. Die Weste wird leicht aufgeblasen gelagert, so bekommt sie an den wichtigen Stellen keine Knicke. Auch hier: Bänderung regelmäßig prüfen und gegebenenfalls austauschen lassen. Auch Tarierhilfen können in der Waschmaschine im Schonwaschgang mit Feinwaschmittel gewaschen werden.

Uhr und Tiefenmesser

Außer dem regelmäßigen Spülen mit Süßwasser können diese Geräte selbst nicht gewartet werden. Der Spezialist tauscht defekte Bänder oder Batterien aus. Tipp: Die teuren Stücke regelmäßig auf Dichte und Funktion prüfen lassen.

Taschen

Taschen sind bei den meisten Tauchern ein wahres Biotop mit allem, was in der Tier- und Pflanzenszene so Rang und Namen hat: Pantoffeltierchen, Asseln und kleinste Tausendfüßler beleben es, Pilzsporen sorgen für den pflanzlichen Aspekt, stehen aber im harten Konkurrenzkampf mit diversen Algen. Das feuchte Klima begünstigt, die wohlige Wärme eines Autokofferraumes im Sommer fördert das Gedeihen dieser äußerst seltenen und schützenswerten Kreatürchen. Die Ehefrau, die dem Ganzen schließlich ein Ende macht, die Tasche leert, umkrempelt und innen mit Wurzelbürste, Scheuermittel oder gar Sagrotan reinigt, gehört bei Greenpeace angezeigt!!!

Technisches Gerät

Lampen und Kameras muss eine ganz besondere Pflege zuteil werden. Das beginnt gleich nach dem Auftauchen. Kann das Gerät nicht gleich mit Süßwasser abgespült werden, so sollte es im Schatten gelagert und mit einem feuchten Handtuch bedeckt werden. Einige Metall-Legierungen und aufgebrachte Lacke vertragen nämlich keine Sonne, das Gerät kann spröde und unansehnlich werden. Später wird dann ausgiebig gewässert.

Nach jedem Tauchgang sollen die zugänglichen O-Ringe entfernt, geprüft und mit dem passendem Silikonfett gefettet werden. Defekte O-Ringe (Risse oder gequetscht) sofort austauschen. Dazu ein Set passender O-Ringe im Gepäck halten, hinzu kommen Ersatzbatterien und/oder Akkus.

Kapitel 3

Fit fürs Schnorcheln mit dem richtigen Training

■ Die Ausrüstung ist gekauft. Jetzt heißt es, sich den richtigen Stil anzueignen. Dies geschieht zweckmäßigerweise in einem Schwimmbad. Mit den richtigen Partnern und spannenden Übungen macht's Spaß.

Kapitel 3: Fit fürs Schnorcheln mit dem richtigen Training

Wie wir Ihnen schon in unserem Einführungskapitel sagten, braucht es zum Schnorcheln eine gewisse Grundfitness. Denn schließlich wollen Sie bei der ersten Welle ja nicht gleich schlappmachen. Dazu kommt etwas ganz Wichtiges: die richtige Technik, der richtige Stil. Eine ausgefeilte Technik spart Kraft und ein eleganter Stil des Schnorchelschwimmens schont die Umwelt.

Am besten, man absolviert vor seinem Urlaub einige Trainingsstunden im Hallenbad oder absolviert gar einen Schnorchelkurs von einem der zahlreichen Verbände. Hier lernt der Neuling schnell und auf ungefährliche Art die neue Technik. Die viel beschworenen alten Hasen erhalten durch regelmäßiges Training ihre Fitness.

Ruhig und langsam an die Ausrüstung gewöhnen

Zu Beginn wird der Neuling merken, dass es ganz schön ungewohnt ist, seinen masken- und schnorchelbewehrten Kopf unter Wasser zu haben und trotzdem atmen zu können. Viele trauen sich nicht einzuatmen, weil sie fürchten, Wasser in die Atemwege zu bekommen. Ein weiteres, oft beobachtetes Phänomen ist das, dass Neulinge zwar einatmen, sich dann aber nicht mehr trauen auszuatmen – weil sie fürchten, danach nicht mehr einatmen zu können.

Sie sehen, bei vielen Menschen ist der erste Gang ins Wasser mit einer Behelfsausrüstung mit vielerlei Ängsten verbunden. Ängsten, die andere wiederum überhaupt nicht haben und verstehen können. Wer also in einer Gruppe das Schnorcheln erlernt, der ist gehalten, auf seine Kameraden Rücksicht zu nehmen und tolerant zu sein.

Wenn Sie Befürchtungen haben, dass Sie Schwierigkeiten mit der Atmung bekommen, so machen Sie einige Tage vor Beginn des ersten Trainings zu Hause ganz für sich alleine einige Anfangsübungen:

- Setzen Sie die Maske für einige Minuten auf
- Atmen Sie ganz normal durch den Mund
- Erst wenn Sie sich daran gewöhnt haben, benutzen Sie den Schnorchel

Wiederholen Sie diese Trockenübungen ruhig jeden Tag für einige Minuten. Waschen Sie Ihr Equipment nachher immer sorgfältig ab. Wenn Sie diese einfache Sache ohne Ängste oder Widerwillen beherrschen, steigern wir den Gefährlichkeitsgrad: Wir krempeln die Ärmel hoch, überwinden uns und tauchen das Gesicht (mit Maske und Schnorchel ausgerüstet) in das mit Wasser

Der richtige Schwimmstil spart Kraft und sieht elegant aus

■ Der Bruststil ist für Flossenschwimmer nicht geeignet.

■ Die Knie werden nur leicht angewinkelt. Der Vortrieb wird beim Flossenschwimmen aus der Hüfte heraus erreicht. Übermäßiges Schlagen durch heftige Kniebewegungen ist nicht effizient. Der Könner spricht vom »Rad fahren«.

gefüllte Spülbecken der Küche. Sie atmen ohne Ängste und Bedenken ein und aus? Gut! Jetzt sind Sie fürs Hallenbadtraining optimal vorbereitet.

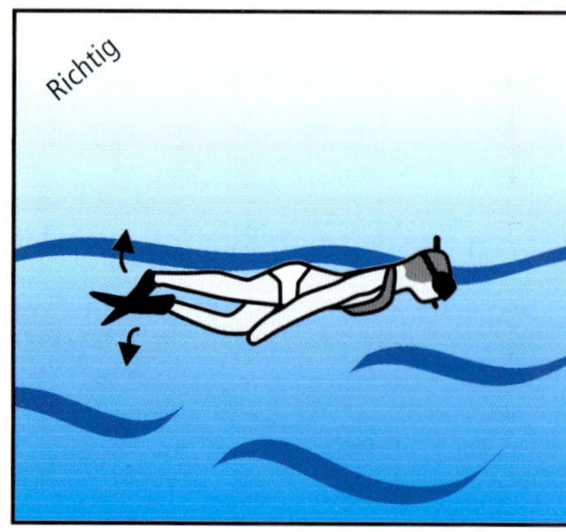

■ So ist es richtig: Der Körper liegt gestreckt auf dem Wasser, die Arme liegen am Körper an, das minimiert den Wasserwiderstand. Die Flossen werden durch Hüftschlag bewegt.

■ Auch das ist stilistisch nicht korrekt: Der Fuß durchbricht während der Beinbewegung die Wasseroberfläche.

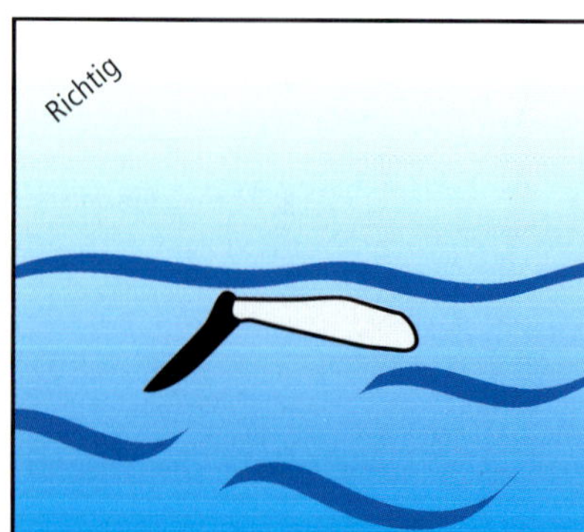

■ So ist es richtig. Ein Fuß, der unter der Oberfläche bleibt, macht keine Spritzer. Der Vortrieb wird effizienter.

■ So wird richtig abgetaucht: Aus der Schwimmlage heraus den Oberkörper knicken und die Beine heben. Notfalls einen kräftigen Armzug zur Unterstützung einsetzen.

Die richtige Technik spart Kraft

Wer zum ersten Mal mit Flossen ins Wasser steigt, der merkt schnell, dass der herkömmliche Brust-Stil keine geeignete Technik darstellt, sich mit Flossen zu bewegen. Freistil, auch Kraul genannt, schon eher. Hier bewegen sich zumindest die Füße abwechselnd nach oben und unten. Wenn der Neuling jetzt noch die Armbewegungen einstellt, ist er nahe an dem, was einen guten Schwimmstil mit der ABC-Ausrüstung ausmacht.

■ Auch das ist möglich: Aus einer Rolle vorwärts heraus den Körper in die Tiefe strecken. Wieder kann ein Armzug unterstützend wirken.

Weniger effektiv ist, mit den Flossen in der Luft herumzuwedeln.

- Die Arme liegen locker am Körper an
- Sie können auch auf dem Rücken gefaltet werden
- Der Körper liegt lang gestreckt im Wasser
- Die Beine sind ebenfalls gestreckt
- Der Kopf ruht so auf dem Wasser, dass die Maske eingetaucht ist
- Jetzt beginnen sich die Beine aus der Hüfte heraus mit leicht abgewinkelten Knien nach oben und unten zu bewegen

Manche Neulinge neigen dazu, den Beinschlag nicht aus der Hüfte heraus, sondern aus dem Knie heraus zu führen. Könner nennen dies »Rad fahren«. Man kommt mit diesem Gezappel zwar vorwärts, es ist jedoch wenig effizient und sieht schrecklich aus.

Die ersten Übungen im Bad werden also dazu dienen, die Technik des Flossenschwimmens zu perfektionieren. Das heißt:

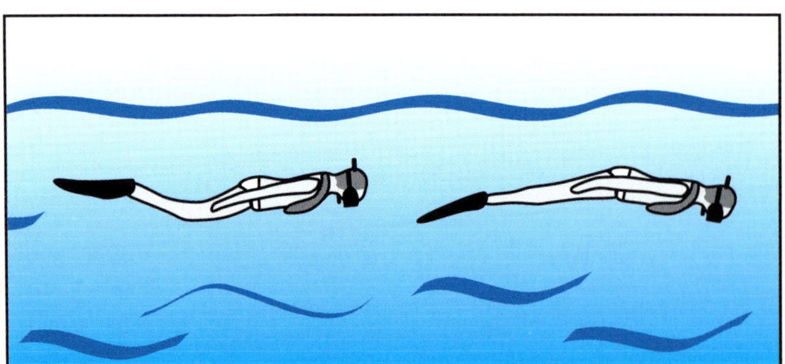

So schwimmen Sie wie ein Delfin. Leichtes Abknicken des Oberkörpers an der Taille unterstützt den doppelseitigen Hüftstoß.

lockere Beinschläge aus der Hüfte heraus. An noch etwas sollte man denken: Bei der Auf- und Abbewegung der Beine bleiben diese komplett im Wasser, auch die Fersen durchbrechen die Wasseroberfläche nicht, schon gar nicht die ganze Flosse.

Hat man seinen Schwimmstil einigermaßen gefunden, kommen weitere Übungen dazu. Die Wichtigste: Wie tauche ich richtig ab? Dazu legen wir uns in die Schwimmlage und schwimmen, wie wir es ja jetzt können, langsam los. Da! Unter uns zieht ein imaginärer Rochen seine Runden. Den müssen wir uns aus der Nähe ansehen. Ein letzter Schnapper nach Luft durch den Schnorchel. Jetzt knicken wir unseren Körper an der Hüfte ab und heben beide Beine an. Dazu können wir mit den Händen einen Schwimmzug machen. Der Körper gleitet jetzt wie ein Torpedo hinunter ins Wasser.

Eine andere Abtauchtechnik läuft folgendermaßen ab: Wir treten auf der Stelle, die Beine bewegen sich ganz leicht, um den Kopf über Wasser zu halten. Jetzt stellen wir die Tretbewegungen ein und ziehen die Beine an den Körper. Als ob wir eine Rolle vorwärts machen wollten, krümmen wir den Rücken und tauchen den Kopf ein. In diesem Moment strecken wir die Beine in die Luft – und das Gewicht der Beine drückt den Körper nach unten in die Tiefe.

Für beide Techniken gilt: Der Trick ist, dass der Oberkörper mit dem Kopf durch die Rolle oder das Abknicken tief genug eingetaucht wird. Man taucht dann fast von alleine ab. Muss man etwas nachhelfen, so geschieht das ausnahmsweise mit einem Armzug und nicht mit den Flossen! Bedenken Sie, dass sich diese derzeit in der Luft befinden. Für Zuschauer sieht das immer wieder zum Piepen aus, wenn Schnorchler ohne ausgefeilte Technik ganz unmotiviert mit ihren Flossen in der Luft herumwedeln.

Jetzt wird's ernst: Der Trainingsalltag beginnt

Wenn der Neuling all diese Übungen beherrscht, geht ein sinnvoller Trainingsplan dazu über, das Gelernte anzuwenden und zu perfektionieren. Auch dies geschieht zweckmäßigerweise noch in einem nahe gelegenen geheizten Schwimmbad.

Zum Schwimmbadtraining ist zu sagen, dass auch dies zwar geringe aber doch gewisse Risiken birgt. Grundsätzlich wird deshalb auch hier nur unter Aufsicht trainiert. Eine kleine Trainings-Gruppe beschließt vor Beginn einen Aufsichtsplan: Alle paar Minuten übernimmt ein anderer Trainingspartner die Aufsicht. Eine große Gruppe lässt sich von einer Aufsichtsperson alleine nicht kontrollieren. Aus Sicherheitsgründen wird diese Gruppe in mehrere kleine Gruppen geteilt und pro Gruppe eine Aufsicht abgestellt.

Training: Das Wort alleine riecht nach Qual und Langeweile, nach Entsagung und Schweiß. Wie wir später sehen werden, muss das – gerade in einer Gruppe – gar nicht sein. Es gibt tolle Trainingsspiele, manche davon mit Wettkampfcharakter, manche sind einfach nur lustig. Ein bis zwei Stunden Training im Bad vergehen wie im Flug.

■ Verschiedene Übungen trainieren die fünf Grundeigenschaften des Körpers: Kraft, Schnelligkeit, Ausdauer, Motorik und Schnellkraft.

Zu Beginn heißt es aufwärmen

Während der normalen Belastung im Alltag ist der Körper alles andere als gefordert. Wir laufen quasi alle auf Sparflamme. Sollten wir jetzt, so aus dem Stand, in vollem Tempo eine 100-Stufen-Treppe hochspurten, wir wären sofort fix und fertig. Auch vor Beginn des eigentlichen Trainings heißt es deshalb: warm machen!

Am besten machen wir dies mit einigen Runden durchs Becken. Gestartet wird in langsamem Tempo und normalem Schnorchelstil (Sie denken daran? Der Flossenschlag kommt locker aus der Hüfte). Nach zwei bis drei Bahnen steigern wir das Tempo, achten aber darauf, nicht außer Atem zu kommen. Während der folgenden Trainingseinheit schwimmen wir wieder eine Bahn, tauchen jedoch dabei ständig ab und auf.

Jetzt haben wir uns schon die erste Ruhepause verdient. Diese wird in Form einer ganz langsam geschwommenen Bahn absolviert. Das Ende des Einschwimmens könnte beispielsweise eine zügig geschwommene Bahn im Delfin-Stil sein. Eine für Sie als Neuling neue Fortbewegungsart im Flossentraining. Dabei werden die Füße parallel gehalten und die Hände an den Körper ange-

■ Nach jeder Belastungsübung folgt eine Entspannungsübung. Wer lieber auf dem Beckenrand sitzt, anstatt dies durch eine langsam geschwommene Bahn zu tun, sollte sich nicht verkühlen.

legt. Die für den Vortrieb notwendige Auf- und Abbewegung erfolgt mit beiden Beinen gleichzeitig aus der Hüfte heraus. Um die Effizienz zu erhöhen, wird der Oberkörper leicht und rhythmisch zum Flossenschlag an der Taille abgeknickt. Auf diese Belastung erfolgt wieder eine Bahn ruhiges Ausschwimmen.

Die körperlichen Grundeigenschaften

Wer im Hallenbadtraining zu diesem Punkt gelangt ist, der ist sicherlich durch das stupide Auf und Ab der Bahnen leidlich gelangweilt. Es wird Zeit, etwas Schwung und Unterhaltung in die Runde zu bringen. Bevor wir Ihnen einige Trainingsspiele vorschlagen, jedoch noch etwas Theorie.

Sportphysiologisch gesehen verfügt der menschliche Körper über fünf Grundeigenschaften:

- Die Kraft
- Die Ausdauer
- Die Schnelligkeit
- Die Motorik
- Die Schnellkraft

All diese Eigenschaften unseres Körpers können während eines Schnorchel-Ausfluges gefordert sein. Die Kraft, wenn es gilt, gegen eine starke Strömung anzuschwimmen oder etwas Schweres heraufzuholen. Die Ausdauer, wenn schnorchelnd eine lange Strecke zurückgelegt werden muss. Die Schnelligkeit, wenn man einem Fisch hinterherjagt. Die Motorik, wenn stilistisch korrekt auf- und abgetaucht wird. Und die Schnellkraft, wenn man beispielsweise ein Boot oder einen Steg erklimmen muss. Ein sinnvolles Schnorcheltraining bezieht deshalb all diese Eigenschaften in den Trainingsplan mit ein.

Manche Übungen stehen sich sportphysio-unlogisch gegenüber. Die Übungen Schnellkraft und Schnelligkeit beispielsweise liegen im anaeroben Bereich, Ausdauertraining im aeroben Bereich. Was machen die Unterschiede aus?

Der aerobe Bereich

Egal, welche Tätigkeit der Körper vollführt – er braucht Sauerstoff. Dieser wird ihm durch die Atmung zugeführt. Schafft es die Lunge, immer so viel oder mehr Sauerstoff zuzuführen, wie der Körper aktuell braucht, bewegen wir uns im aeroben Bereich. Dies ist beispielsweise bei den meisten Ausdauersportarten der Fall, neben Jogging, Walking und Fahrrad fahren also auch beim Schwimmen und Schnorcheln.

Der anaerobe Bereich

Immer wenn der Körper mehr Sauerstoff verbraucht, als ihm das Herz-Lungensystem zuführen kann, bewegen wir uns im anaeroben Bereich. Man sagt, dass der Körper eine Sauerstoffschuld eingeht. Alle Bewegungsarten, die mit einem plötzlichen, explosionsartigen Reagieren der Muskeln einhergehen, sind anaerob. Also beispielsweise Schnellkraft und Geschwindigkeit.

Die Natur hat diese unterschiedlichen Stoffwechselformen einführen müssen. Denn die ersten Menschen, die ja noch selbst ein Teil der freien Wildbahn waren, mussten sich oft durch gigantische Leistungen ihres Körpers retten:

der gewaltige Sprung auf einen Baum – auf der Flucht vor einem Raubtier; der tödliche Stoß mit dem Spieß beim Erlegen eines Auerochsen. Der Körper hat hier einfach keine Zeit, sich um die Logistik (das heißt die Versorgung zu dieser Leistung) zu kümmern. Er greift deshalb nicht auf die aktuell zugeführte Energie zurück, sondern auf im Körper gespeicherte Reserven. Chemische Prozesse laufen ab. Das merkt der Mensch später daran, dass er Muskelkater hat, wenn er sich ständig im anaeroben Bereich bewegt.

Übungen zur Grundeigenschaft »Kraft«

Partnerdrücken

Es werden Paare gebildet. Diese stellen sich einander gegenüber. Die Paare strecken sich die Arme entgegen und fassen einander bei den Händen. Jetzt wird gegeneinander angeschwommen und versucht, durch kräftige Flossenarbeit den Partner nach hinten wegzudrücken.

Bei der Einteilung der Paare sollte man natürlich darauf achten, dass etwa gleich starke gebildet werden.

Bleigurt bergen

Ein Bleigurt mit mehreren Kilo Gewicht wird im Schwimmbecken versenkt und muss reihum von jedem heraufgetaucht werden.

Spurts

Dazwischen wird jeweils eine Bahn gespurtet. Diese Übung dient auch dem Training der Grundeigenschaft Schnelligkeit.

Übungen zur Grundeigenschaft »Ausdauer«

Runden drehen

Ein Gesetz im sportlichen Training heißt, dass man sich seine Grundeigenschaften nur in der Sportart aneignen kann, in der man auch tätig sein will. Das heißt, dass ein geübter Jogger, der beispielsweise problemlos zehn Kilometer am Stück laufen kann, nicht unbedingt auch zehn Kilometer am Stück Flossenschwimmen kann.

Übungen zur Ausdauer sind deshalb mit nur einem Vorschlag verbunden: Runden drehen. Mehr Spaß als alleine macht es mit Kameraden. Setzen Sie sich eine feste Zeit, zu Anfang weniger, schließlich mehr. Wenn die Grundeigenschaft Ausdauer ständig geübt wird, ist der Flossenschwimmer schließlich in der Lage, 30 oder 60 Minuten klaglos durchzuhalten.

Achtung: Es kommt bei dieser Übung nicht auf Schnelligkeit an. Wie viele Bahnen Sie in einer halben Stunde schaffen, ist irrelevant. Ideal hingegen, wenn Sie Ihren Puls ab und zu kontrollieren. Dieser sollte zwischen 100 und 120 Schlägen pro Minute liegen.

Übungen zur Grundeigenschaft »Schnelligkeit«

Staffel

Sie bilden mehrere Gruppen, diese wiederum teilen sich zum unteren und oberen Beckenrand auf. Der Startschwimmer beginnt, spurtet eine Bahn, schlägt dort seinen Partner ab, der zurückspurtet – usw. Die Gruppe, die als erste durch ist, ist Sieger.

Bemerkung: Spurten kann man nicht nur über Wasser. Man kann dies auch beim Durchtauchen des Beckens, man kann die Schwimmlage (Rücken-, Seitenschwimmen) ändern. Ein abwechslungsreiches Spiel. Diese Übungen dienen auch der Grundeigenschaft »Kraft«.

■ Staffelwettkämpfe sind spannend und lockern auch langweiliges Training auf.

Übungen zur Grundeigenschaft »Motorik«

Auf- und Abtauchen

Auf einer oder mehreren zu schwimmenden Bahn/en wird ständig ab- und wieder aufgetaucht. Und das in kürzesten Intervallen.

Slalom

Die Trainingsteilnehmer stellen sich in eine Reihe hintereinander im Wasser auf, halten einigen Abstand. Der Hinterste taucht ab und schwimmt unter Wasser im Slalom durch die Reihe. Dann stellt er sich vorne wieder an.

Alternative: Die Schnorchler in der Reihe spreizen die Beine und der Schnorchler muss durch die gespreizten Beine tauchen.

Ringe durchtauchen

Hula-Hoop-Reifen werden mit Tarierblei beschwert und in einer Reihe oder in einem gewundenen Parcours im Schwimmbecken versenkt. Jeder muss den Parcours durchtauchen.

Modifiziert: Versuchen Sie, das einmal tauchend in Rückenlage zu schaffen.

«Rollen«-Spiele

Der Schnorchler schwimmt eine oder mehrere Bahnen und versucht dabei, bald eine Rolle vorwärts (vorwärts gerichtete Rolle um die Körper-Querachse), bald eine Rolle rückwärts (rückwärts gerichtete Rolle um die Körper-Querachse) zu drehen. Ergänzt werden diese um Längsrollen, das heißt Rollen um die Körper-Längsachse.

Übungen zur Grundeigenschaft »Schnellkraft«

Delfinsprünge

Sie tauchen ab und holen quasi Anlauf, spurten unter Wasser einige Meter, um Geschwindigkeit aufzunehmen. Dann versuchen Sie, wie ein Delfin aus dem Wasser zu schnellen.

Schnappen

Eine ähnliche Übung aus dem Stand: Ein Trainingspartner steht am Beckenrand und hält einen Gegenstand, etwa einen Ring oder einen Schnorchel hoch. Der Schwimmer muss versuchen, so weit aus dem Wasser zu schnellen, dass er den Gegenstand greifen kann.

Sportphysiologie beachten

Ein sinnvolles Training ist so angelegt, dass zunächst der Muskelapparat angewärmt wird (s. oben), das beugt Verletzungen vor. Die Belastungsphase während des eigentlichen Trainings wird in viele kurze Phasen unterteilt, die jeweils eine andere Muskelgruppe ansprechen. Jeder Belastungsübung folgt eine ruhige Übung zum Entspannen. Wie schon eine Aufwärmphase, so braucht der Körper auch eine abschließende Entspannungsphase. Die letzten Übungen sind deshalb langsamer, gemächlicher Natur, das abschließende Ausschwimmen kann ruhig auch ohne ABC-Ausrüstung durchgeführt werden.

Während des Trainings wird der Neuling schnell merken, dass die fünf körperlichen Grundeigenschaften beim Schnorcheln durch eine sechste Eigenschaft ergänzt werden: Nämlich der Fähigkeit, die Luft immer länger anzuhalten. Auch diese Fähigkeit kann der Mensch trainieren, etwa durch Zeittauchen. Worauf Sie dabei achten müssen, entnehmen Sie dem Kapitel »Damit Sie keinen Medizinmann brauchen«.

Geprüfter Schnorcheltaucher

Viele Verbände bieten für Freitaucher Prüfungen an, die dem Trainingseifer einen Sinn, ein Ziel geben. Die Inhalte sind durchaus anspruchsvoll. Die Verbände wollen mit der Ausbildung nicht nur ein Stück Sicherheit vermitteln, sondern dem Prüfling auch ein tief greifendes Verständnis zur fragilen Ökologie der Gewässer mitgeben. Nicht umsonst ist ein Bestandteil der Zugangsvoraussetzungen für Apnoe-Tauchlehrer in Deutschlands größtem Verband, dem Verband Deutscher Sporttaucher (VDST), ein absolvierter Sonderkurs in Sachen Meeresbiologie.

Theorie und Praxis

Der Verband Deutscher Sporttaucher bietet beispielsweise zwei Kinderbrevets (»Otter« und »Robbe«) und zwei Erwachsenenbrevets an. Die Erwachsenenbrevets heißen »Apnoe 1« und »Apnoe 2«.

Wer ein Schnorchelbrevet eben dieses VDST oder eines anderen Verbandes erwerben will, der sieht sich überall in etwa denselben Anforderungen gegenüber. Unterrichtet und geprüft wird in einem praktischen und einem theoretischen Teil. Kursziele sind klar umrissen.

- Die Einschätzung des eigenen Leistungsvermögens verbessern
- Trainingsmethoden für Strecken- und Zeittauchen kennen lernen
- Sicherheitsanforderungen kennen lernen und die Übungen fürs Apnoetauchen beherrschen
- Erste-Hilfe-Maßnahmen kennen und anwenden können

Die Kursdauer umfasst mindestens eineinhalb Tage. Wer einen Apnoe-Kurs beim VDST machen will, der muss mindestens 16 Jahre alt sein; Minderjährige brauchen allerdings das Einverständnis der Eltern in schriftlicher Form. Bei Kursbeginn ist eine Tauchtauglichkeitsbescheinigung vorzulegen. Dazu gibt es vom Verband Vordrucke, was der Arzt alles zu prüfen hat. Unter anderem sind dies die Ohren und das Herz-Lunge-System, da diese beiden Körperteile beim Schnorcheln einer besonderen Belastung ausgesetzt sind.

Der Aufbaukurs zu diesem Apnoe-Grundkurs vertieft die im Grundkurs vermittelten Fähigkeiten. Erweitert wird der Lehrstoff jedoch um folgende Komponenten:

- Medizin (Atemtechnik, Black-out, Tauchreflex, Lungenfunktion, Barotraumen, erste Hilfe, Rettungskette)
- Trainingsmethoden (konventionelle Methoden, mentale Übungen ...)
- Tauchphysik
- Sicherungsmaßnahmen und -techniken

Sie sehen, dass die Anforderungen an einen Apnoeisten vom VDST ziemlich hoch gesetzt werden. Doch gerade für zukünftige ABC-Taucher, die längere und tiefere Abstiege planen, ist eine solide Ausbildung eine Investition in die Zukunft.

Schnorchelbrevets auch für Kinder

Mit »Otter« und »Robbe« bietet der VDST zwei Schnorchelbrevets an, die speziell auf Kinder zugeschnitten sind. Bei anderen Verbänden heißen die Schnorchelkurse für die Kleinen »Delfin« oder »Flipper«, die Anforderungen ähneln einander. Das Kind, das einen Schnorchelschein machen will, muss in der Regel mindestens acht Jahre alt sein und vorher vom Arzt untersucht werden. Selbstverständlich ist auch eine schriftliche Einverständniserklärung der Erziehungsberechtigten notwendig. Die geforderten Leistungen für die beiden Schnorchelabzeichen sind:

Otter

150 Meter Schnorcheln, alle Schwimmlagen müssen vorkommen (Brust-, Seiten-, Rückenlage), es gibt keine Zeitbeschränkung
10 Meter Streckentauchen ohne Startsprung
15 Sekunden Zeittauchen
Dreimal stilgerechtes Abtauchen
25 Meter Transportschwimmen eines etwa gleich schweren Partners, beide mit ABC-Ausrüstung
Kenntnis vom mindestens vier Baderegeln

Robbe

200 Meter Schnorcheln, alle Lagen, keine Zeitbegrenzung
15 Meter Streckentauchen ohne Startsprung
20 Sekunden Zeittauchen
Dreimal stilgerechtes Abtauchen innerhalb einer Minute
50 Meter Transportschwimmen eines Partners, beide in ABC-Ausrüstung

Mehr zum Thema Schnorcheln mit Kindern erfahren Sie in unserem Kapitel »Aktionen rund ums Schnorcheln«.

Schnorcheln in Strömungen erfordert viel Übung und Kondition.

Kapitel 4

Etwas Tauchphysik muss sein

■ Wer in Poseidons Reich absteigt, sollte die wichtigsten physikalischen Gesetze dafür kennen und sie beachten.

Kapitel 4: Etwas Tauchphysik muss sein

Wer das Tauchen mit Gerät erlernen will, der wird von seinem Ausbilder so richtig mit Tauchphysik geplagt. Schließlich muss ein Gerätetaucher alles über den Zusammenhang von Gas und Druck, von Auftrieb und Verdrängung wissen. So weit wollen wir in diesem Kapitel nicht gehen. Doch es ist auch für einen Schnorchler wichtig zu wissen, warum beispielsweise die Ohren beim Abtauchen schmerzen. Warum ein hohler Zahn beim Schnorcheln echte Probleme bereiten kann. Und warum, verflixt, man unter Wasser dauernd danebengreift, wenn man etwas festhalten will.

■ Mister Boyle und Monsieur Mariotte lassen grüßen: Druckausgleich unmittelbar nach dem Abtauchen herstellen, weiter unten wird dies schwierig.

Dürfen wir vorstellen: Die Herren Boyle und Mariotte ...

Versetzen wir uns einmal zurück in das 17. Jahrhundert. Es ist schon eine Weile her, dass Kolumbus Amerika entdeckt hat. Die ganze alte Welt ist fieberhaft damit beschäftigt, sich Gedanken darüber zu machen, wie man dem neuen Kontinent seine Schätze am effektivsten entreißen kann. Eines ist sicher: Mit den rein mechanischen Methoden jener Zeit, mit Pferden und Ochsen ist das nicht zu machen. Die Naturwissenschaften erleben eine Blüte ohnegleichen, das industrielle Zeitalter kündigt sich an. In rascher Folge werden entdeckt: Die Gesetze der Planetenbewegungen (Johannes Kepler), die Gravitationsgesetze (Isaac Newton), eine bis heute gültige Methode, den Längengrad zu bestimmen (Robert Harris) – die Aufzählung könnte man beliebig weiterspinnen. In England forscht der Physiker Robert Boyle, in Frankreich Edme Mariotte. Zusammen finden sie die Zauberformel, die das physikalische Weltbild von uns Tauchern bis heute am meisten beeinflusst: Das Boyle-Mariotte-Gesetz. Sein Wortlaut:

«Das Volumen eines Gases ändert sich umgekehrt proportional dem absoluten Druck, während sich die Dichte proportional dem absoluten Druck ändert, solange die Temperatur unverändert bleibt.«

Verstanden? Wer keinen Doktor in Physik hat, wird sich damit schwer getan haben. Deshalb die einfache Übersetzung: Das Volumen eines Gases nimmt ab, je höher der Umgebungsdruck wird. Das Volumen eines Gases nimmt zu, je geringer der Umgebungsdruck wird. Mathematisch: p x v = konstant

Dazu kann ein Schnorchler einen ganz einfachen Versuch machen. Er nimmt einen

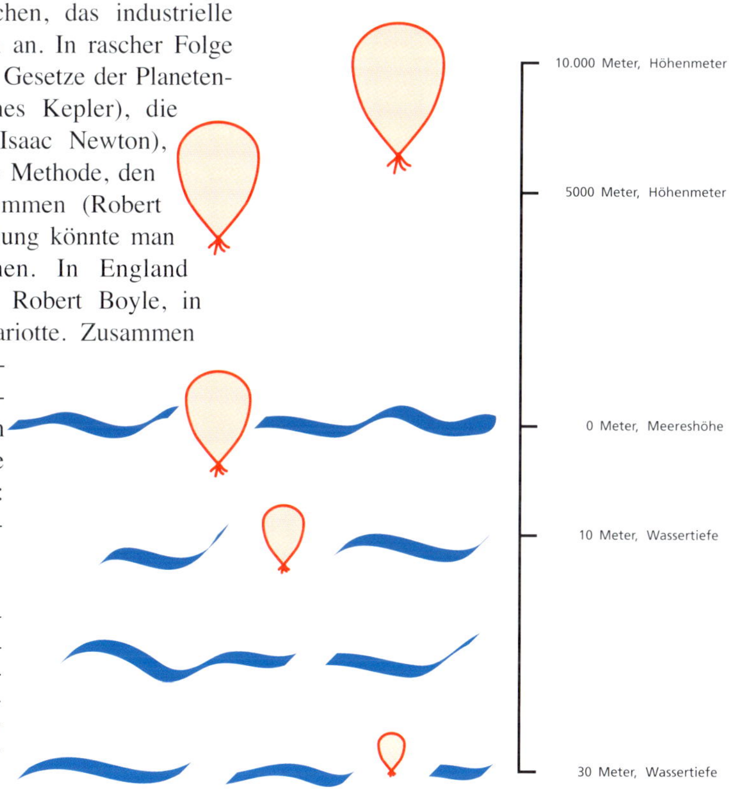

■ Das Volumen, das der Versuchsballon in 0 Meter Meereshöhe hat, verringert sich mit zunehmender Tiefe. Steigt der Ballon auf, vergrößert sich das Volumen.

Luftballon mit ins Hallenbad. Dort bläst er ihn etwa halb auf. Jetzt taucht er damit in die tiefe Grube unter dem Sprungbrett. Wer den Ballon beim Abtauchen beobachtet, der wird feststellen, dass er immer kleiner wird, je tiefer man damit kommt. Das Volumen verkleinert sich im selben Verhältnis, wie der Druck zunimmt.

Die Druckverhältnisse auf unserem Planeten verteilen sich wie folgt: Auf Meereshöhe bis ca. 500 Meter über dem Meer haben wir so ziemlich genau ein bar Druck. Steigen wir höher, dann sinkt dieser Druck, das soll uns aber hier nicht interessieren. Wir richten unser Augenmerk ja in die Tiefe der Gewässer. Und im Wasser verhält es sich so, dass der Druck je zehn Meter Tiefe um ein bar zunimmt. Auf zehn Metern Wassertiefe herrscht also ein Druck von zwei bar (1 bar Luftdruck + 1 bar Wasserdruck = 2 bar). Auf der Strecke zwischen der Oberfläche und 10 Metern Tiefe verdoppelt sich also der Druck.

Nehmen wir jetzt also an, wir würden genau einen Liter Luft in unseren Versuchs ballon pusten und damit auf zehn Meter Wassertiefe abtauchen. Unser Ballon würde jetzt nur noch genau die Hälfte seiner Ausdehnung messen. Wo aber ist die überschüssige Luft hin? Natürlich ist, von der Menge her gesehen, noch immer ein Liter Luft im Ballon. Diese ist nur dichter geworden, die Moleküle sind enger zusammengedrückt.

Umgekehrt: Wieder wird ein Liter Luft in einen Ballon gepustet. Wir steigen in ein Flugzeug, binden den Ballon aber außen an. Jetzt steuern wir den Flieger hoch auf 10000 Meter. Ein Blick auf den Ballon. Ja, seine Ausdehnung hat sich jetzt verdoppelt. Selbstverständlich ist keine Luft dazugekommen. Dank dem geringen Außendruck von nur noch 0,5 bar haben sich jedoch die Luftmoleküle im Ballon auf das Doppelte ausgedehnt.

... und warum sie uns als Taucher so beschäftigen

Auch in unserem Körper gibt es, ganz ähnlich dem geschilderten Ballonbeispiel, Hohlräume, die mit Luft gefüllt sind. Beispielsweise die Lungen, die Ohren, die Nebenhöhlen. Die negativen Auswirkungen des Drucks auf all diese Hohlräume fasst man unter dem Begriff des Barotraumas oder der Barotraumen zusammen.

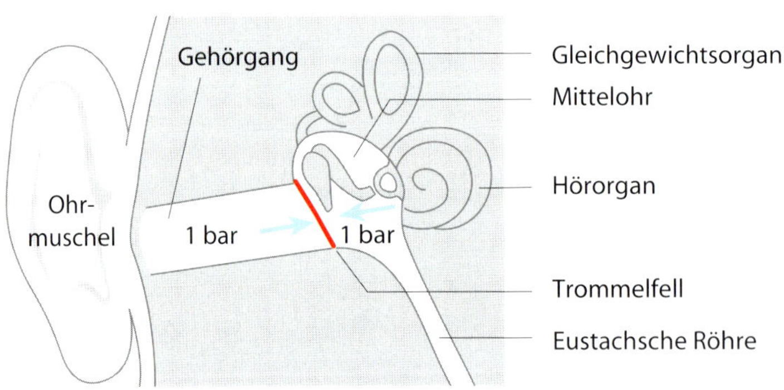

Ein Querschnitt durch das menschliche Ohr auf Meereshöhe. Sowohl außen als auch hinter dem Trommelfell herrschen 1 bar Druck.

Dass während des Abstiegs ein Druck auf den Körper zu wirken beginnt, merkt ein Schnorchler am unmittelbarsten an den Ohren. Was geschieht? Der Wasserdruck gelangt durchs Außenohr ans Trommelfell. Hinter dem Trommelfell jedoch, im Mittelohr, herrscht noch immer der Druck von der Oberfläche, nämlich ein bar. Der Schnorchler muss, soll das Trommelfell nicht reißen, im Mittelohr denselben Druck herstellen, wie er im Außenohr herrscht. Dazu hält er sich die Nase zu (wir wissen jetzt auch, warum in die Maskenkörper ein Nasenerker eingearbeitet ist) und pustet kräftig hinein. Da der aufgebaute Druck nicht durch die Nasenlöcher entweichen kann, baut er sich durch die eustachische Röhre (die Verbindung zwischen dem Rachenraum und dem Ohr) hindurch auf – hin bis ins Mittelohr. Jetzt herrscht hinter dem Trommelfell der selbe Druck, wie vor dem Trommelfell.

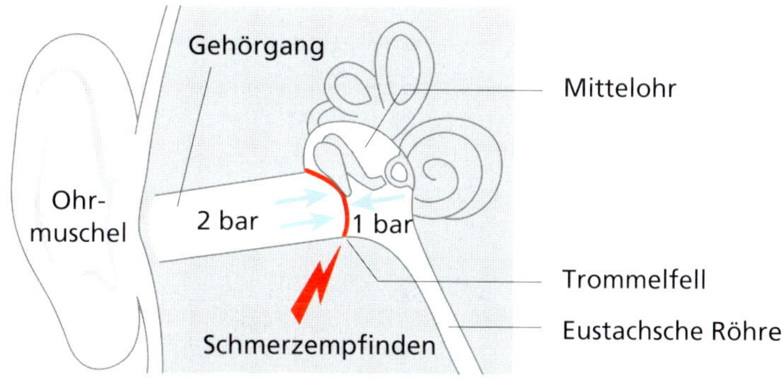

■ Derselbe Querschnitt auf 10 Meter Tiefe ohne Druckausgleich. Außen pressen 2 bar Druck gegen das Trommelfell. Es ist zum Zerreißen überdehnt (roter Bereich).

Dieses Manöver sollte unmittelbar nach dem Abtauchen in schon geringer Tiefe gemacht werden. Denn hier ist der Außendruck noch gering, der Schnorchler muss weniger Druck entgegensetzen. Je früher und öfter der Druckausgleich im Ohr hergestellt wird, umso einfacher und nachhaltiger gelingt er. Geübte Schnorchler, die auf zehn Meter und mehr hinuntergehen, werden merken, dass der Druckausgleich seltener ausgeführt werden muss, je tiefer man taucht.

Die von Boyle und Mariotte gefundene Gesetzmäßigkeit vom Verhalten von Gasen unter Druck ist noch für andere unangeneh-

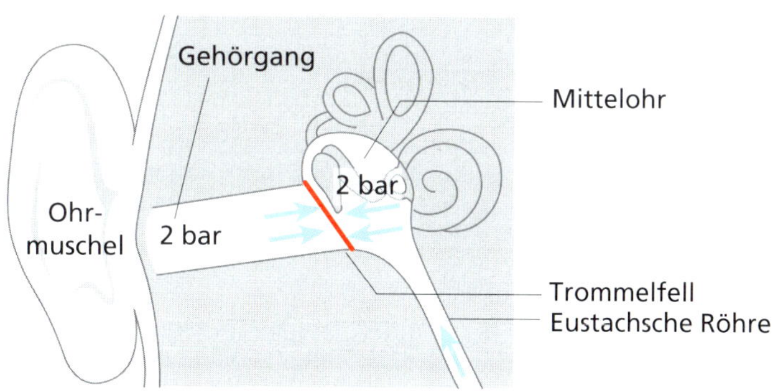

■ Druckausgleich. Der Taucher hat durch die eustachische Röhre einen Gegendruck im Mittelohr erzeugt. Das Trommelfell hat sich entspannt.

Physikalische Gesetze beim Schnorcheln auf einen Blick

Boyle-Mariotte-Gesetz

Beschreibt die Verhaltensweise von Gasen unter Druck. Diese verrigern ihr Volumen bei steigendem Druck proportional der Steigerungsrate des Drucks. Und vergrößern ihr Volumen proportional der Sinkungsrate des Drucks.

Auswirkungen: Barotraumen der luftgefüllten Hohlräume im menschlichen Körper.

Archimedisches Prinzip

Beschreibt die Gesetze des Auftriebes und des negativen Auftriebes (im Volksmund »Abtrieb«). Danach verliert ein Körper so viel an Gewicht, wie die von ihm verdrängte Flüssigkeit wiegt.

Auswirkungen: Hoher negativer Auftrieb bei zu viel Tariergewichten und falscher Atemtechnik.

Die optischen und akustischen Gesetze

Die hohe Dichte des Wassers führt zu einem stärkeren Brechungsindex von Lichtstrahlen. Dadurch erscheint unter Wasser alles um ein Viertel näher und um ein Drittel größer.

Der Blaufilter-Effekt des Wassers läßt nach und nach alle warmen Farben verschwinden.

Schall pflanzt sich unter Wasser mit einer Geschwindigkeit von 1450 Meter pro Sekunden fort. Ortung von Schallquellen deshalb nicht möglich.

me Erscheinungen in unserem Körper zuständig. Beispielsweise wird der Schnorchler schnell merken, dass der Wasserdruck auch auf die Tauchermaske – auch sie stellt ja einen Hohlraum dar – wirkt. Mit zunehmender Tiefe wird sie immer stärker ans Gesicht gepresst. Diese Erscheinung können wir ganz einfach dadurch ausgleichen, indem wir aus der Nase etwas Luft in die Maske abgeben.

Des Weiteren wirkt der Wasserdruck auf die Stirn- und Nasen-Nebenhöhlen, was sich besonders bei Erkältungen ganz unangenehm bemerkbar macht. Dazu generell eine Bemerkung: Wer erkältet ist, sollte grundsätzlich weder schnorcheln noch tauchen. Tabu sind außerdem die Verwendung abschwellender Mittel für die Schleimhäute wie beispielsweise Nasentropfen. Es sind Fälle bekannt, in denen die Wirkung der Medikamente gerade während eines Abstiegs nachgelassen haben. Die Schleimhäute schwollen wieder an. Da sich jedoch zwischenzeitlich unter Druck die Luft in den Hohlräumen komprimiert hatte und sich beim Aufstieg wieder dekomprimierte, konnte sie sich wegen der zugeschwollenen Schleimhäute nirgendwohin ausdehnen. Starke Schmerzen, ja bleibende Schäden können der Fall sein.

Genau dieselben physikalischen Abläufe bewirken eines der wohl schmerzhaftesten Barotraumen, das beim Schnorcheln möglich ist: Das Barotrauma der Zähne. Betroffen davon sind nur durch Karies oder mechanische Einwirkungen beschädigte Zähne. Auch Zähne haben in ihrem Innern einen kleinen Hohlraum. Baut sich beim Abtauchen darin Druck auf (beispielsweise durch ein Loch im Schmelz) und kann sich dieser während des Auftauchens gar nicht oder nur ganz langsam wieder abbauen, kommt es zu starken Schmerzen. Es sind Fälle bekannt, allerdings bei Gerätetauchern, da hat der nicht abgebaute Druck im Zahn diesen sogar gesprengt. Wer schnorchelt und sich später vielleicht sogar zum Gerätetaucher fortbilden will, der verlangt von seinem Zahnarzt besser eine so genannte Fliegerbehandlung der Zähne.

Der aufmerksame Leser wird merken, dass wir in unseren Ausführungen bisher eines ganz ausgespart haben: Die Lunge selbst. Der Wasserdruck wirkt sich jedoch selbstverständlich auch auf diese aus. Das heißt, sie wird beim Abtauchen zusammengedrückt. Für die Lunge ist diese Belastung jedoch solange unschädlich, wie das so genannte Restvolumen erhalten bleibt. Und dies tut es auf jeden Fall innerhalb der von normalen Freitauchern erreichbaren Tiefen. Mehr zu diesem Problemkreis erfahren Sie in unserem Kapitel »Damit Sie keinen Medizinmann brauchen«.

Die Sache mit dem Auftrieb

Viel früher als das Gesetz der Gase unter Druck wurde schon das Gesetz des Auftriebs entdeckt. Dies tat ein gewisser Herr Archimedes, ein Grieche, der um 200 vor Christus im sizilianischen Syrakus lebte und ein wahres Universalgenie war. Denn nicht nur das archimedische Prinzip (eben das Prinzip des Auftriebs) stammt von ihm. Auch beispielsweise die Hebelgesetze und die Integralrechnung hat er zum Schrecken aller Gymnasiasten ergründet und beschrieben.

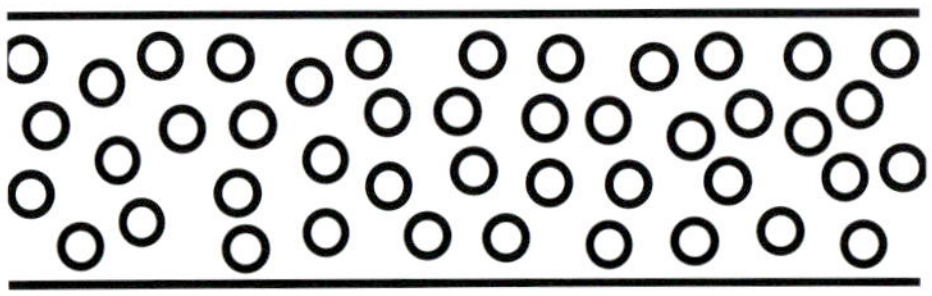

■ Querschnitt durch einen Neopren-Anzug auf Meereshöhe. Deutlich sind die Gasblasen im aufgeschäumten Material erkennbar.

Uns Taucher interessiert an dieser Stelle natürlich nur das Auftriebsgesetz. Archimedes hat es folgendermaßen formuliert:

«Taucht ein Gegenstand ganz oder teilweise in Flüssigkeit, so erfährt er einen Auftrieb. Dieser entspricht dem Gewicht der von ihm verdrängten Flüssigkeit.«

Man unterscheidet drei Arten von Auftrieb: Den positiven Auftrieb, den neutralen Auftrieb, den negativen Auftrieb.

Positiver Auftrieb
Ein Gegenstand, der leichter als Wasser ist, schwimmt. Übertragen auf Taucher: Sehr dicke Menschen mit hohem Körperfettanteil oder Taucher, die einen Neopren-Anzug tragen, werden schwimmen.

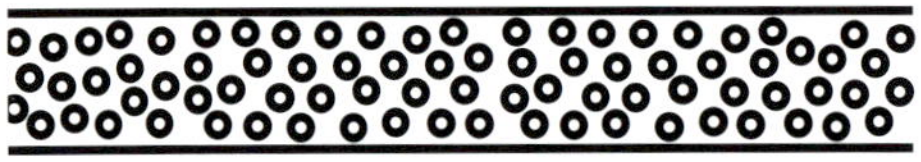

■ Derselbe Querschnitt auf 10 Meter Wassertiefe. Das deutlich verringerte Volumen liefert dem Schnorchler auch deutlich weniger Auftrieb.

Neutraler Auftrieb
Gegenstände, die gleich schwer wie Wasser sind, schweben.

Negativer Auftrieb
Gegenstände, die schwerer als Wasser sind, sinken. Das kann beispielsweise sehr grobknochigen Menschen mit wenig Körperfett und schlechter Atemtechnik passieren (die Lunge kompensiert durch ihr positives Auftriebsvolumen negativen Auftrieb) oder aber auch Schnorchlern mit Neopren-Anzug, die zu viel Blei umgeschnallt haben. Auch wer an der Wasseroberfläche mit einem Neopren-Anzug korrekt tariert ist, kann unten in der Tiefe plötzlich in Schwulitäten geraten. Hier wirken das Boyle-Mariotte-Gesetz und das archimedische Prinzip zusammen. Die Luftbläschen im Neopren werden beim Abtauchen zusammengedrückt und liefern dadurch weniger Auftrieb. Jetzt wirkt jedoch noch das zusätzlich angehängte Blei, das sich nicht zusammendrückt – und zieht nach unten. Sie sehen jetzt, wie wichtig selbst für einen Schnorchler die richtige Einschätzung der Tariergewichte ist – und wie wichtig eine Schnellabwurfschnalle am Gewichtsgürtel.

Anmerkung: Manchmal spricht man der Einfachheit halber nicht von negativem Auftrieb, sondern von Abtrieb. Das versteht jeder, aber es ist halt physikalisch nicht korrekt.

Sehr interessant, jedoch nur am Rande erwähnt werden soll hier, dass Archimedes nicht von Wasser sondern von Flüssigkeit spricht. Ein Mensch, der beispielsweise in Heizöl schwimmen will, wird größte Schwierigkeiten haben, da dies weniger dicht ist als Wasser.

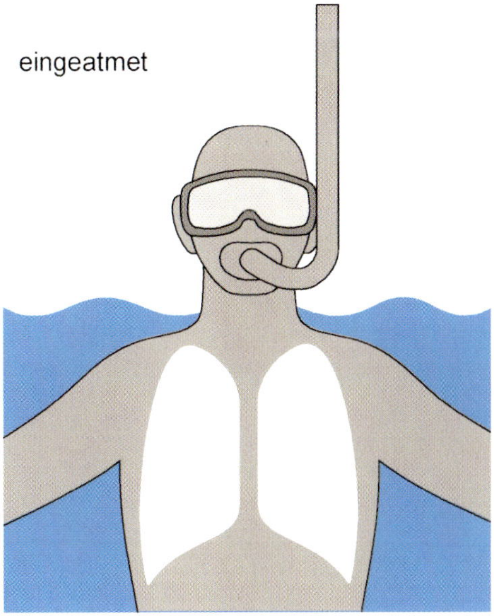

■ Ein Schnorchler steht ohne Schwimmbewegungen aufrecht im Wasser. Dank der Luft in seinen Lungen kann er sich in dieser Position halten.

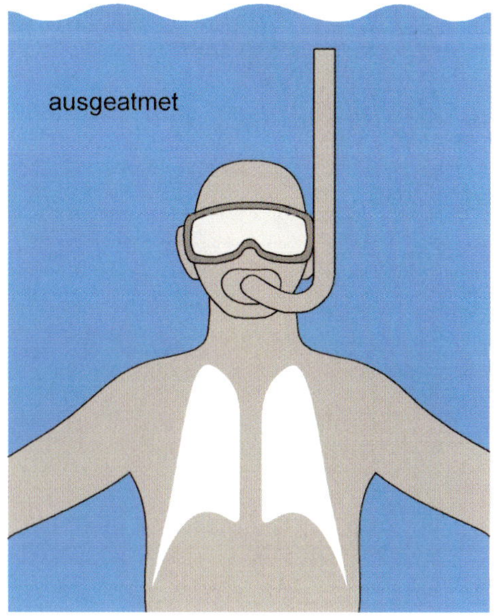

■ Derselbe Schnorchler mit leer geatmeten Lungen, wieder ohne Schwimmbewegungen. Er sinkt.

Ein sehr guter, körpereigener Mechanismus, um sich komfortabel an der Wasseroberfläche zu halten, sind unsere Lungen. Dazu der Versuch: Sie atmen tief ein und stellen sich, ohne Beinbewegungen auszuüben, an die Wasseroberfläche. Sie werden nicht untergehen, Ihr Kopf wird aus dem Wasser ragen. Jetzt atmen Sie vollständig aus. Sofort wird Ihr Körper in einen Zustand des negativen Auftriebes übergehen.

Sehen und hören unter Wasser

Wer jemals an einem Taucherstammtisch saß, der wird den Eindruck bekommen, dass unter Wasser nur riesige Lebewesen wohnen. Kaum ein Hecht, der zum Zeitpunkt des Beobachtens nicht mindestens einen Meter maß. Ein Manta, kleiner als drei Meter Spannweite, ist ein zurückgebliebener

■ Dieses Foto veranschaulicht deutlich den veränderten Brechungsindex des Wassers. Unter der Oberfläche erscheint alles näher und größer. Unser Foto zeigt eine Schnorchlerin mit Seerose.

Zwerg. Dieses Phänomen muss nicht in jedem Fall auf das Taucherlatein und den dieser Spezies Mensch angeborenen natürlichen Hang zur Übertreibung zurückgeführt werden.

Wasser hat eine größere Dichte als Luft. Einfallendes Licht wird deshalb stärker gebrochen, als in der Luft. Durch dieses Phänomen erscheinen uns alle Gegenstände um 25 Prozent näher und um 33 Prozent größer. Das erklärt, warum der Hecht, der höchstens 70 Zentimeter lang ist, plötzlich zum Ein-Meter-Monster mutiert.

Schnorchler, die zum ersten Mal absteigen und sich beispielsweise an einer Felskante festhalten wollen, werden bemerken, dass auch der Griff zu einem Gegenstand nicht so recht funktionieren will. Das kommt eben daher, weil das menschliche Auge die Entfernung kürzer einschätzt, als diese in Wirklichkeit ist. Fatal wird diese Eigenschaft, wenn der stolze Besitzer einer Sucherkamera, wo die Entfernung manuell und ohne Autofokus einzustellen ist, später lauter unscharfe Bilder mit aus dem Urlaub bringt.

Ein Lichtstrahl, der auf die Wasseroberfläche trifft, wird dort durch die höhere Dichte des Wassers gebrochen.

Ein weiterer Faktor des optischen Wahrnehmens unter Wasser ist die Farbempfindung. Wasser wirkt wie ein Blaufilter. Die warmen, langwelligen Farben werden mit zunehmender Tiefe abgebaut. Dies geschieht in der Reihenfolge Rot – Orange – Gelb – Braun – Grün. Blau und Schwarz sind bis hinab auf 50 Meter und mehr noch wahrnehmbar. Wer aufmerksam beobachtet, der stellt fest, dass dieses Phänomen nicht nur senkrecht, sondern auch waagrecht wahrgenommen wird.

Versuch: Ihr Partner/Ihre Partnerin zieht sich rote Badebekleidung an. Sie gehen

Ein Riff, fotografiert aus etwa zehn Metern Entfernung. Das Wasser hat alle warmen Farben ausgefiltert. Die Szenerie erscheint düster. Fotografen nennen das monochrom.

■ Mit zunehmender Wassertiefe verschwinden die Farben. Schließlich bleiben nur noch Blau und Schwarz.

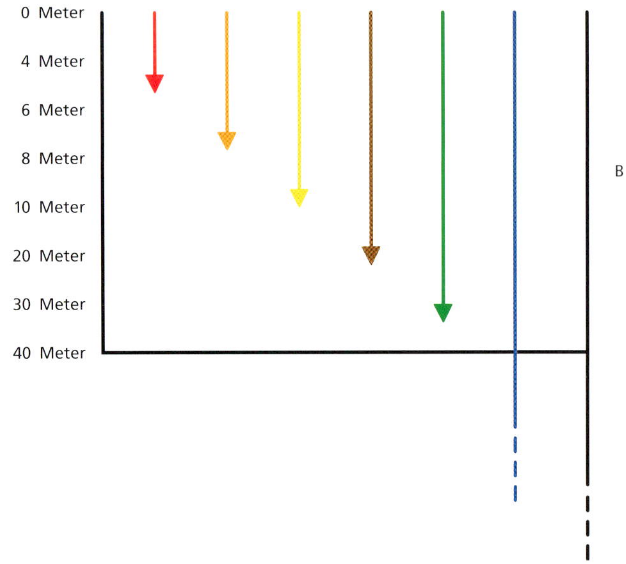

zusammen ins Wasser und entfernen sich langsam voneinander. Sie werden sehen, dass die leuchtend rote Bekleidung schon in nur einem Meter Entfernung deutlich stumpfer geworden ist, in drei bis vier Meter Entfernung orange, in mehr als sechs Metern schmutzig braun.

Die Dichte des Wassers lässt nicht nur unsere Augen sondern auch unsere Ohren irren. Ein altes, nicht totzukriegendes Notsignal für Taucher ist es, mit dem Tauchermesser, einem Stein oder einem neuartigen Gerät, das sich Tank-Banger nennt, an die Flasche zu klopfen. Das Problem: Der Angesprochene kann die Richtung, aus der der Ton unter Wasser kommt, nicht orten. Warum? In der Luft pflanzt sich der Schall mit einer Geschwindigkeit von 333 Meter pro Sekunde fort. Wir hören ein Geräusch mit einem Ohr um einen Wimpernschlag früher, als mit dem anderen und können so die Richtung bestimmen.

Im Wasser pflanzt sich Schall mit einer Geschwindigkeit von 1450 Meter pro Sekunde fort. Unser Gehirn ist nicht in der Lage, so schnell zu »hören«.

■ Eine Lampe oder ein Blitzgerät lassen auch in der Tiefe die Rottöne wieder leuchten. Das Foto zeigt einen Soldatenfisch, geblitzt aus rund 40 cm Entfernung.

Kapitel 5

Damit Sie keinen Medizinmann brauchen

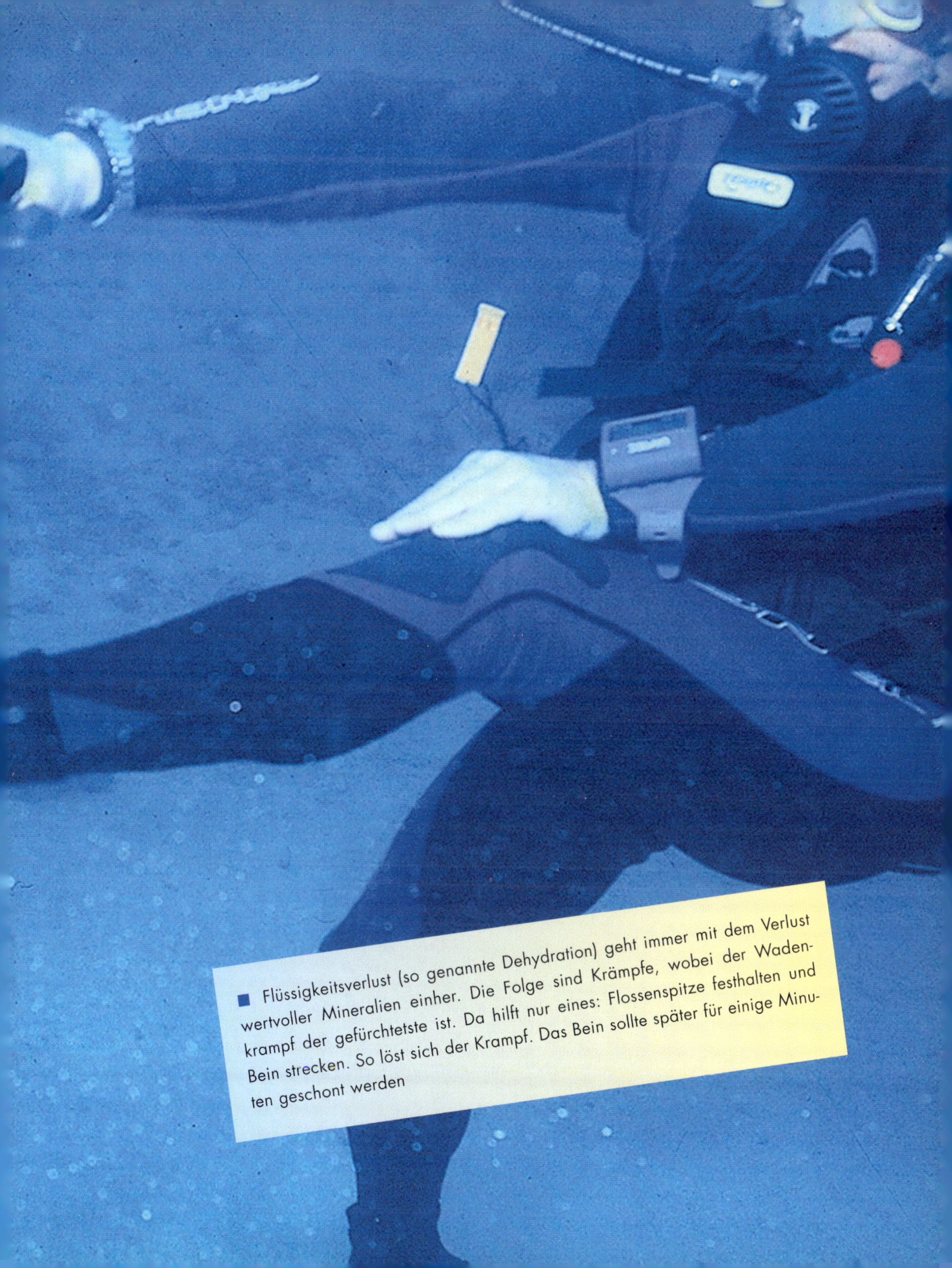

■ Flüssigkeitsverlust (so genannte Dehydration) geht immer mit dem Verlust wertvoller Mineralien einher. Die Folge sind Krämpfe, wobei der Wadenkrampf der gefürchtetste ist. Da hilft nur eines: Flossenspitze festhalten und Bein strecken. So löst sich der Krampf. Das Bein sollte später für einige Minuten geschont werden

Kapitel 5: Damit Sie keinen Medizinmann brauchen

Tauchphysik und Tauchmedizin hängen unmittelbar zusammen. Naturwissenschaftler sprechen auch von Ursache und Wirkung. Ein Beispiel: Das physikalische Druckgesetz von Boyle und Mariotte kann die medizinische Wirkung eines Barotraumas hervorrufen. Doch wenn wir von Tauchmedizin sprechen, meinen wir mehr als Unfälle. Sich der Tauchmedizin zu nähern, bedeutet vor allem auch das Begreifen von Abläufen in unserem Körper im Wasser und unter Druck.

Die Atmung

Lebewesen brauchen Sauerstoff. Die verschiedenen Lebensformen nehmen diesen auf verschiedene Art und Weise auf. Pflanzen beispielsweise über die Blätter und einen komplizierten chemischen Vorgang aus Licht. Fische filtern ihn mit ihren Kiemen aus dem Wasser heraus, Insekten aus der Luft – mit Hilfe ihrer Tracheen, dem Atemapparat. Menschen und andere Säugetiere atmen durch Lungen.

Atmung hat beim Menschen grundsätzlich zwei Funktionen: Zum einen wird Sauerstoff aufgenommen und durch den Blutkreislauf in den Körper transportiert. Umgekehrt wird im Körper durch Stoffwechselvorgänge entstandenes Kohlendioxyd ans Blut, von diesem an die Lunge abgegeben, von wo aus es schließlich abgeatmet wird.

Wie läuft ein Atemvorgang ab? Vorausschickend sei gesagt, dass die Lunge selbst nicht über die Fähigkeit verfügt, sich selbst zu bewegen, auch wenn es sich so anfühlt, als ob sich die Lunge aktiv blähen würde, wenn wir einatmen. Vielmehr heben sich die Rippen durch Muskelbewegungen, unser Zwerchfell kontrahiert. Dadurch vergrößert sich der Brustraum, die Lunge entfaltet sich.

Für die Ausatemphase lassen wir das Zwerchfell und die Muskulatur, die die Rippen gehoben hat, erschlaffen. Der Brustkorb sinkt in sich zusammen und mit ihm die Lunge.

Wer einerseits viel sitzt und andererseits viel Sport treibt, der kennt den Unterschied zwischen atmen und atmen ganz genau. Im Büro am Schreibtisch, vor dem Fernseher, beim Lesen setzen wir pro Atemzug höchstens einen Liter Luft in unserer Lunge um, meistens sogar nur einen halben Liter. Angesichts der Tatsache, dass ein erwachsener Mann zwischen vier und sechs Liter Lungeninhalt hat (manche Menschen bringen es sogar auf sieben bis acht Liter) eine geringe Menge.

Fast die gesamte Kapazität (die so genannte Totalkapazität) brauchen wir aber bei körperlichen Anstrengungen sehr wohl – denn jetzt erhöht sich die Atemfrequenz und die Menge der durch die Lungen bewegten Luft.

Trotzdem können wir selbst in körperlichen Höchstleistungsphasen das Atemvolu-

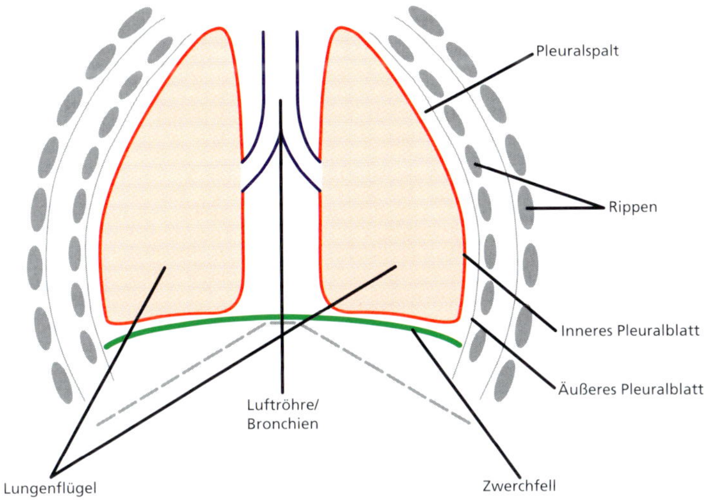

■ Brustkorb mit Lunge. Die innere, durchgehend gezeichnete Darstellung zeigt den Brustkorb in ausgeatmeter Stellung. Die äußere Darstellung zeigt die Körperpartie im eingeatmeten Zustand. Die Lunge ist nicht am Brustkorb befestigt. Sie wird durch einen leichten Unterdruck (zwischen 0,2 mb in ausgeatmetem und 0,6 mb in eingeatmetem Zustand) gehalten.

men der Luft nie voll ausschöpfen. Das heißt: Selbst bei maximaler Ausatmung, Mediziner sprechen von Expiration, verbleibt ein Rest Luft in der Lunge. Diesen Rest bezeichnet man als Residualvolumen. Die Luft, die wir während eines Atemzuges tatsächlich umsetzen können, nennen wir Vitalkapazität. Und der Bereich, der oberhalb einer normalen Einatmung in Ruhe liegt, bezeichnet man als inspiratorisches Reservevolumen.

Wie groß die Differenz zwischen Totalkapazität und Vitalkapazität ist, hängt mit der Beweglichkeit von Brustkorb und Zwerchfell zusammen. Positiv wirkt sich dabei sicherlich ein guter Trainingszustand aus. Die Lunge wird leistungsfähiger. Also, Schlaffis und nasse Säcke: Ran an den Speck!

Die Sauerstoffaufnahme

Im Gegensatz zum Atemzugvolumen, wo eine große Reserve besteht, kann man die Sauerstoffaufnahmekapazität selbst nicht steuern. Sauerstoff, ist er durch die Lungenbläschen ins Blut gelangt, wird vom Hämoglobin, von den roten Blutkörperchen, transportiert. Luft besteht, ganz grob gesagt, aus 79 Prozent Stickstoff, 20 Prozent Sauerstoff und einem Prozent Zusatzgase. Von den 20 Prozent Sauerstoff, die in den Körper gelangen, nimmt sich dieser pro Atemzug gerade mal vier Prozent. Die einzige Möglichkeit, die Sauerstoffaufnahme zu steigern ist, die Anzahl der roten Blutkörperchen zu steigern. Dies kann der Körper jedoch nur durch gezieltes Training in der Höhe – es soll deshalb nicht näher darauf eingegangen werden.

Hyperventilation – Luftanhalten – Schwimmbad-Blackout

Wie wir zu Anfang beschrieben haben, erfüllt das Atmen zwei Faktoren, die des Sauerstoffholens und die des Kohlendioxyd (CO_2) Abatmens. Was geschieht, wenn wir die Luft anhalten? Wir wissen ja jetzt schon, dass der Körper nur vier Prozent des angebotenen Sauerstoffs verarbeitet. Wir könnten, ohne Mangel leiden zu müssen, einige Zeit ohne Atmen auskommen. Der Körper könnte sich aus der Lunge ja immer wieder bedienen. Dem macht jedoch die zweite Funktion des Atemvorganges einen Strich durch die Rechnung. Ungeübte meinen, schon nach wenigen Sekunden Luftanhaltens ersticken zu müssen.

Dies liegt jedoch nicht am Sauerstoffmangel. Vielmehr reagiert unser Körper auf den Überschuss an CO_2, das ja den Körper beim Luftanhalten nicht verlassen kann. Der

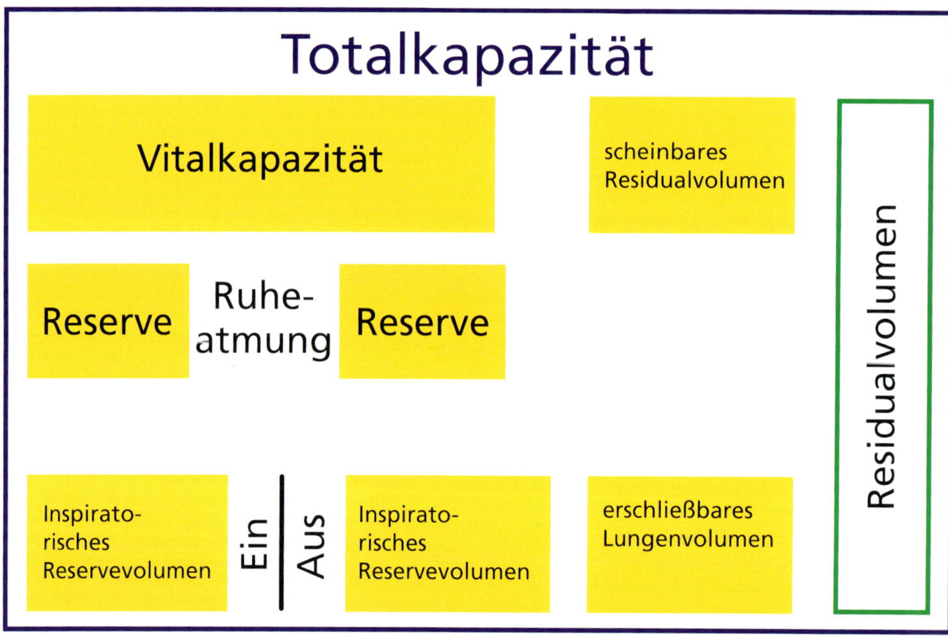

■ Theoretische Darstellung der Lungenkapazität. Die Totalkapazität beträgt im Durchschnitt vier bis sechs Liter. Selbst in vollständig ausgeatmetem Zustand verbleiben rund 1,5 Liter Luft in der Lunge, man spricht vom Residualvolumen. Das normale Atemzugvolumen beträgt in Ruhe 0,5 bis maximal ein Liter. Bei maximaler Einatmung in Ruhelage können bis zu drei Liter Luft aufgenommen werden – das so genannte inspiratorische Reservevolumen. Bei maximaler Ausatmung gibt der Mensch rund 1,5 Liter Luft ab, das expiratorische Reservevolumen. Die Einheit von Atemzugsvolumen, expiratorischem und inspiratorischem Reservevolumen bezeichnet man als Vitalkapazität.

Körper misst die steigende Konzentration. Verantwortlich sind dafür Rezeptoren im verlängerten Rückenmark (medizinisch Medulla oblongata). Man hat gemessen, dass schon bei einem CO_2-Spiegel von 50 bis 60 Milligramm pro Liter der Atemreflex so stark wird, dass er willentlich nicht unterdrückt werden kann. Die Medizin sagt dazu, dass der Mensch den »breath-hold-point« überschritten hat.

Sehen wir uns einmal im Schwimmbad spielende Jugendliche an, die sich darin übertreffen wollen, die längste Strecke zu tauchen. Sie setzen sich auf den Beckenrand, atmen lange, tief und vor allem hastig ein und aus und wieder ein. Halten dann die Luft an und tauchen los. Tatsächlich schaffen sie es eine ganz Strecke weiter. Dieses verstärkte Luftholen vor dem Abtauchen nennt man Hyperventilation. Doch nicht etwa die verstärkte Sauerstoffaufnahme ist es, die die getauchte Strecke verlängert (wir haben oben ja gelernt, dass unser Körper das nicht kann). Vielmehr ist es das verstärkte Abatmen von CO_2.

Diese Technik birgt, Sie ahnen es, eine große Gefahr. Da der Kohlendioxyd-Spiegel derart niedrig geatmet wurde, nimmt der Körper andererseits den Sauerstoffmangel nicht mehr wahr, er hat einfach kein Warnsystem dafür. Wird das Gehirn nicht ausreichend mit Sauerstoff versorgt, werden wir ohnmächtig. Schnorchler sagen zu einer so eingetretenen Bewusstlosigkeit »Schwimmbad-Blackout«. In diesem Zusammenhang erkennen wir, warum es auch bei einfachem Schwimmbadtraining wichtig ist, immer eine qualifizierte Aufsichtsperson dabeizuhaben. Darüber hinaus sollten unsinnige Zeit- und Streckentauchwettbewerbe unterbleiben und nur die fürs wirkliche Training wichtigen und sinnvollen Übungen absolviert werden.

Flachwasser-bewusstlosigkeit

Bemühen wir noch einmal die Physik und stellen Ihnen, nach den Herren Archimedes, Robert Boyle und Edme Mariotte, einen vierten Herrn vor: John Dalton. Dalton ging im vorvergangenen Jahrhundert davon aus, dass wenn ein Gasgemisch (Luft ist ein solches Gasgemisch) zu verschiedenen Anteilen aus verschiedenen Gasen besteht, jeder Gasanteil auch einen Anteil zum Gesamtdruck des Gases beisteuert. Seine Versuche zeigten, dass die Annahme richtig war. Und so formulierte er folgendes Gesetz, das nach ihm das Daltonsche Gesetz heißt:

«In einem Gasgemisch übt jedes Gas einen Druck aus, der seinem prozentualen Anteil am Gesamtgemisch entspricht.«

Nehmen wir als aktuelles Beispiel die Luft. Wie bereits beschrieben, besteht sie zu 79 Prozent aus Stickstoff, zu 20 Prozent aus Sauerstoff und zu einem Prozent aus verschiedenen anderen Gasen.

Übt die Luft also einen Druck von einem bar aus, so ist/sind der Stickstoff mit 0,79 bar, der Sauerstoff mit 0,2 bar und die Restgase mit 0,01 bar ($0{,}79 + 0{,}2 + 0{,}01 = 1{,}00$) daran beteiligt.

Jetzt taucht der Taucher aber in die Tiefe. Der Druck steigt, damit auch die so genannten Partialdrücke. Ein höherer Sauerstoffdruck aber bewirkt, dass der Körper diesen besser ausnutzen kann. Vereinfacht ausgedrückt: In der Tiefe unter Druck kann man länger bleiben, als an der Oberfläche.

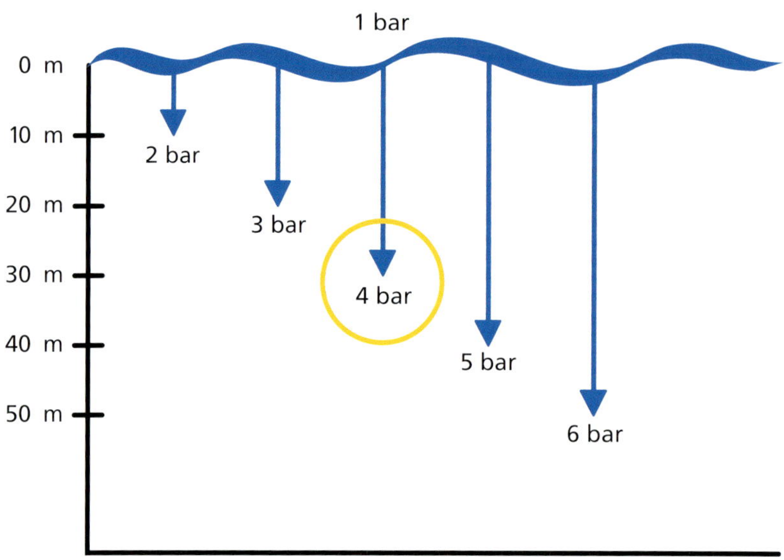

■ Die Druckverhältnisse in der Tiefe. Die theoretische Grenze für Schnorchler liegt um die vier bar.

Doch irgendwann muss der Freitaucher zur Oberfläche zurückkehren. Der Umgebungsdruck lässt beim Auftauchen nach, somit auch der Partialdruck, den der Sauerstoff ausgeübt hat. Jetzt erst, nur wenige Meter unter der Wasseroberfläche, reagiert der Körper auf den Mangel – und wird bewusstlos. Man spricht von der so genannten Flachwasserbewusstlosigkeit.

Lungenkollaps

Eine oft beschworene Gefahr beim Schnorcheln ist der Lungenkollaps. Populär ausgedrückt jener Zustand, in dem der Wasserdruck einfach zu hoch ist, als dass die Lunge noch Widerstand leisten könnte. Theoretisch ist die Grenze des Tieftauchens dann erreicht, wenn durch die Kompression des Brustkorbs die Totalkapazität der Lunge auf den Wert ihres Residualvolumens zusammengepresst worden ist.

Da sich Schorchelneulinge unter solch einer theoretischen Aussage selten etwas vorstellen können, ein Berechnungsbeipiel. Dazu dient uns ein Mann mit sechs Litern Lungeninhalt, dessen Residualvolumen 1,5 Liter beträgt. Teilt man sechs Liter Totalkapazität durch 1,5 Liter Residualvolumen, so kommt man auf den Wert vier. Vier bar herrschen in 30 Meter Tiefe (siehe unsere Tabelle). Die theoretische Tiefen-Grenze für einen Menschen solcher Konstellation wäre also die 30-Meter-Marke.

Der Bereich so um die 30 bis 40 Meter galt lange Zeit als das Absolute, was die Freitaucherei anbelangte. Doch dann wagten sich gut trainierte Männer tiefer hinab. Jacques Majol und Enzo Maiorca schafften es ganz ohne gesundheitliche Schäden bis auf 100 Meter und mehr. Untersuchungen, die

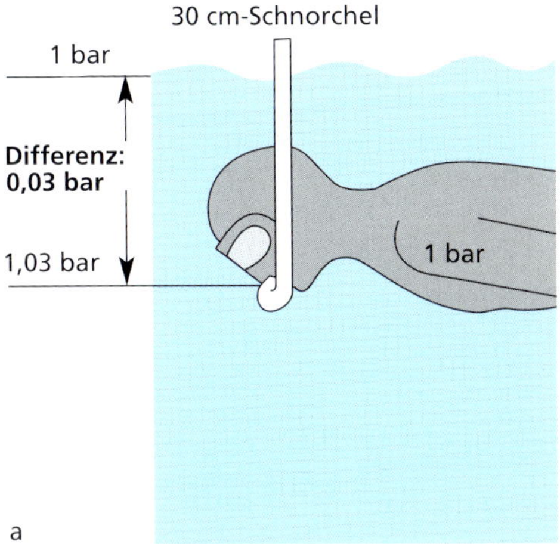

■ Die Druckdifferenz zwischen Wasseroberfläche und Lunge bei Nutzung eines 30 cm langen Schnorchels beträgt 0,03 bar – für die Atemmuskulatur gut zu überwinden.

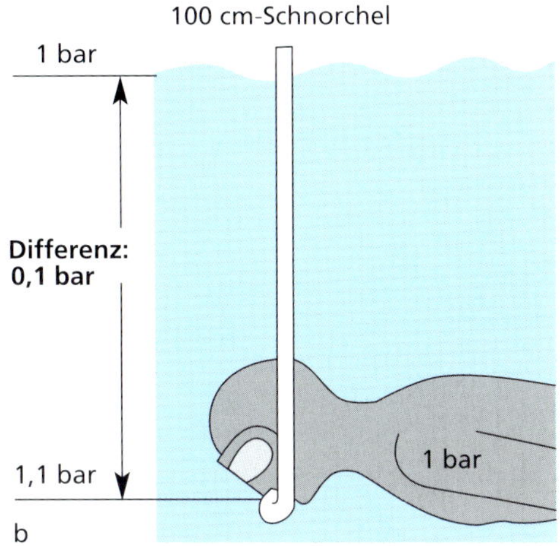

■ Jeder Schnorchel, der länger als 40 cm ist, ist lebensgefährlich. Die Atemmuskulatur ist nicht dafür ausgelegt, hohe Druckdifferenzen (hier: 0,1 bar) zu überwinden.

relativ spät, das heißt erst in den 80er- und 90er-Jahren des letzten Jahrhunderts gemacht wurden, zeigten, dass viele Mechanismen dafür verantwortlich sind. So ist es beispielsweise eine Tatsache, dass die Bauchorgane wie Magen und Darm in den Brustkorb hineingezogen werden, wenn gewisse Grenzen überschritten sind. Sportler, die diese großen Tiefen erreichen, sind äußert gut trainiert und haben deshalb eine besonders leistungsfähige Brustkorbmuskulatur und ein besonders flexibles Zwerchfell – alles Faktoren, die große Tiefen begünstigen.

Wie dem auch sei, ein normaler Freitaucher wird wohl nie in seinem Leben in Gefahr geraten, einen Lungenkollaps zu erleiden. Wir wollen jedoch noch einmal dringend auf die 30- bis 40-Meter-Grenze hinweisen!

Schnorchelexperimente

Wahrscheinlichere Unfallquellen sind da schon Experimente mit Schnorcheln, um eine maximale Tauchtiefe herauszufinden. Schon die Militärtaucher der Antike experimentierten mit langen, zwei bis drei Meter langen Bambusrohren. Die Experimente endeten tödlich! Nicht umsonst schreibt die DIN einen maximal 40 Zentimeter langen Schnorchel vor. Selbst Karl May, der es eigentlich schon hätte besser wissen sollen, lässt seine Helden Winnetou und Old Shatterhand auf der Flucht vor den Feinden am Seegrund aus langen Schilfrohren atmen. Schlecht recherchiert, Herr May! Eltern sollten ihre Kinder auf jeden Fall auf die Gefahren einer solchen Prozedur hinweisen, da diese solche Experimente erfahrungsgemäß gerne nachstellen.

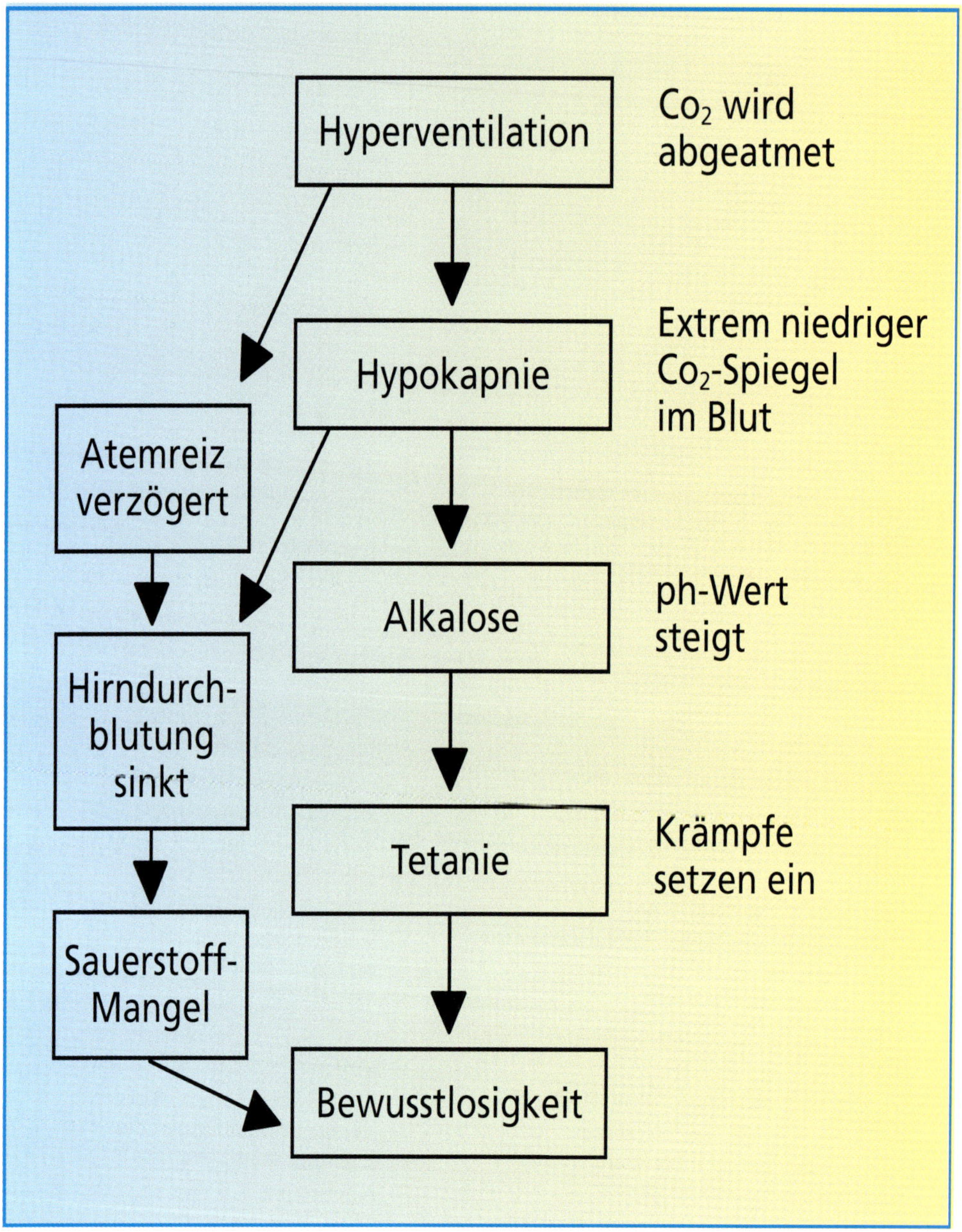

■ Die Schritte, die nach Hyperventilation zur Bewusstlosigkeit führen.

Glasklares Wasser in den Florida Springs: Da macht Schnorcheln Spaß.

Medizinisch betrachtet, wird die Angelegenheit klar. Je tiefer ein Mensch taucht, umso größer wird der Umgebungsdruck. Die Luft, die er atmet, kommt aber von der Oberfläche. Dort herrscht maximal ein bar Druck. Der Mensch muss gegen diesen Druckunterschied »anatmen«. Das heißt, die Kraft seiner Brustmuskulatur muss die Druckdifferenz überwinden. Kann sie aber nicht. Die Anstrengungen, den Unterdruck anzugleichen, bewirken lediglich eines: Statt Luft von der Oberfläche zieht der Schnorchler aus seinem Körper Flüssigkeit ins Lungengewebe (Lungenödem). Dabei sind die Grenzen sehr eng gesteckt. Die Verträglichkeitsgrenze des Organismus liegt bei gerade 40 Zentimeter Schnorchellänge. Schon bei einer Länge von 60 Zentimetern kommt es nach einigen Minuten zu Schäden in der Lunge. Und wer gar meint, er muss einen Schnorchel von einem Meter Länge oder mehr ausprobieren, der kann nach zwei bis drei Atemzügen im Todeskampf liegen. Es kommt bei dieser »Ausrüstung« zu einem verstärkten Rückstrom des Blutes in die großen Hohlvenen des Brustkorbs, in den Lungenkreislauf und in die rechte Herzhälfte. Die Blutzufuhr zum rechten Herz würde vermindert. Insgesamt führt dieser Körperzustand zu einer Sauerstoffschuld und schließlich zur Bewusstlosigkeit.

Der Tauchreflex

Der Tauchreflex ist vielen Tieren, so auch dem Menschen, angeboren. Erinnern Sie sich doch einmal an Ihre ersten Versuche mit dem Schnorchel im Bad. Hatten Sie nicht Schwierigkeiten, so ganz zwanglos durch den Schnorchel zu atmen, als Sie den Kopf ins Wasser tauchten? Richtig! Automatisch Atem anhalten ist ein Teil des Tauchreflexes. Wir werden jedoch gleich sehen, dass es noch andere Aspekte gibt.

Der Tauchreflex wurde um die Jahrhundertwende 1899–1900 von einem Wissenschaftler namens Paul Bert entdeckt. Seine Versuchstiere waren Enten. Er beobachtete, dass diese, tauchen sie den Kopf unter Wasser, ganz automatisch den Atem anhielten, den Puls verlangsamten und die Förderlei-

Diese Taucherin macht es richtig, sie geht schlurfenden Schrittes rückwärts und nicht wie der sprichwörtliche Storch im Salat ins Wasser.

stung des Herzens senkten. Das selbe Phänomen konnte man auch beim Menschen, ja sogar bei Walen und bei Robben feststellen.

Tatsache ist, dass Wasser den Trigeminusnerv reizt und dieser, derart stimuliert, diese Symptome auslöst. Durch Schalten auf Sparflamme spart der Körper im ohnehin energiezehrenden Wasser viel Kraft. Der Reflex ist angeboren, er kann jedoch durch gezieltes Training weiter stimuliert und optimiert werden. Spitzenathleten, die 80, 100 und mehr Meter tief tauchen, schaffen in diesem Zusammenhang den so genannten »Blood-Shift«. Blut zieht sich aus den Extremitäten und der Körperoberfläche zurück und sammelt sich im Herz-Lungen-Bereich.

Menschen können im Selbstversuch das Vorhandensein und die Wirkung des Tauchreflexes selbst nachweisen. Den ersten Versuch haben wir ja schon gemacht, es fiel uns zu Anfang schwer, unter Wasser einzuatmen, obwohl wir ganz genau wussten, dass der Schnorchel uns zuverlässig Luft liefern würde. Dieses anfängliche Unbehagen können wir in einem weiteren, etwas schwierigeren Versuch steigern. Wir nehmen die Tauchermaske ab, behalten den Schnorchel jedoch im Mund. Jetzt atmen wir ganz bewusst ein und aus. Wer das noch nie gemacht hat, der wird sehen, wie schwer es fällt. Nur wer diese Übung vollständig und ohne Angst zu verspüren in den Griff bekommt, ist uneingeschränkt fürs Schnorcheln und Tauchen geeignet.

Dehydration/Krampf

Wer lange und kräftig schwimmt, der merkt bald ein unangenehmes Ziehen in den Beinen. Dieses wirklich störende Gefühl tritt umso eher ein, je untrainierter der Taucher ist, je ungewohnter ihm seine Flossen sind, je unkomfortabler diese sind und je härter das Flossenblatt ausgelegt ist. Es kann jedoch auch vorkommen, dass ganz gut trainierte Schwimmer plötzlich und ungewohnt Krämpfe bekommen. Krämpfe befallen einen umso leichter, je ausgelaugter man ist. Daran kann eine anziehende Krankheit schuld sein, falsche Ernährung (Alkohol und Kaffee laugen den Körper aus), chronisch niedrige Blutsalzwerte, Dehydration (dem Körper wurde durch sportliche Aktivitäten und Schweiß Flüssigkeit entzogen) oder äußere Faktoren wie Kälte.

Der Krampf kündigt sich meistens vorher an. Durch einen Muskel-Tic, durch unangenehmes Ziehen. Wenn möglich, sollte die betroffene Muskelpartie dann geschont werden. Nicht möglich ist dies natürlich, wenn der Wadenmuskel während des Schnorchelns betroffen ist. Man nimmt dann das Flossenblatt in die Hand und streckt das Bein. Spätestens jetzt wird es Zeit, das Wasser zu verlassen.

Wer während eines Schnorchelurlaubes nachhaltig Krämpfe vermeiden will, der sollte zunächst ein weiches Flossenblatt wählen, wenig Alkohol zu sich nehmen und viel Mineralwasser trinken.

Praxistipps zum Thema Sicherheit

Die im vorgehenden Kapitel 5 geschilderten medizinischen Aspekte zum Thema Schnorcheln sind weitgehend körpereigener Natur. Hausgemachte Gefahren, quasi. Doch es gibt auch viele Fährnisse, die von außen kommen und auf den Schnorchler einwirken. Denken wir doch nur an Witterungsverhältnisse, an Strömungen, mechanische Verletzungen und viele mehr.

Überhitzung

Immer wieder unterschätzt wird die Auswirkung von Hitze auf den Taucher bzw. Schnorchler. Wer am Mittelmeer oder in den Tropen schnorchelt, der wird vorwiegend Probleme mit der Sonne bekommen. Wer einige Grundregeln beachtet, wird den Tauchurlaub ohne Sonnenbrand überstehen.

■ Das ist gefährlich: Der Taucher hat sich nach einem ausgiebigen Schnorchelspaziergang voll in die Sonne gelegt. Sonnenbrand droht besonders in den Tropen.

■ Auch im Wasser wirkt UV-Strahlung heftig auf menschliche Haut. Am besten, man zieht sich auch im Wasser ein T-Shirt über. Nach dem Bad sollte man sich eincremen.

Ein Sonnenbrand ist im Grunde nichts anderes als eine Verbrennung, hervorgerufen durch ultraviolettes Licht. Das Ganze wäre nicht so schlimm, wenn UV-Licht nicht den gefürchteten Schwarzen Hautkrebs (malignes Melanom) hervorrufen würde. Denn UV-Strahlung ruft nicht nur die Verbrennung hervor, auch die Erbinformation in den Zellen werden geschädigt. Normalerweise ist das nicht so gravierend. Der Körper verfügt über einen natürlichen Reparations-Service, der diese Schäden wieder behebt.

Wie schon Paracelsus vor rund 400 Jahren sagte, macht jedoch die Dosis das Gift aus. Und wer sich stundenlang der sprichwörtlichen Tätigkeit »an den Strand knallen« hingibt, der handelt fahrlässig. Wer sich den Sonnenbrand sparen will, der beachte bitte folgende Punkte:

- Wer ungebräunt ans Meer fährt, bleibt die ersten Tage besser im Schatten.
- Gut eincremen. Zuerst mit hohem Lichtschutzfaktor (LSF), später mit geringerem LSF (siehe dazu Kasten »Vier starke Typen«).
- Gehen Sie zwischen 11 Uhr vormittags und 15 Uhr nachmittags aus der Sonne. In dieser Zeit kommen 75 Prozent der Tages-UV-Menge auf die Erde.
- Auch beim Schnorcheln im Wasser bekommt man heftigen Sonnenbrand; das Wasser filtert in den oberen Regionen keinesfalls UV-Licht aus. Schützen Sie sich mit einem Tauchanzug oder mindestens einem T-Shirt.
- Wenn Sie aus dem Wasser kommen, cremen Sie sich wieder ein. Auch wenn das Prädikat »wasserfest« auf der Cremetube prangt.

Wer schon einen Sonnenbrand bekommen hat, der sollte auf jeden Fall aus der Sonne bleiben und leichte Kleidung aus Naturfasern tragen. Der Haut viel Feuchtigkeit durch Süßwasser und anschließendem Eincremen zuführen. Achtung: Wessen Haut schon Blasen wirft, eitert und nässt, der sollte schleunigst einen Arzt aufsuchen.

Vier starke Typen

Die Medizin unterscheidet vier Hauttypen, die durch unterschiedliche Merkmale gekennzeichnet sind. Man kann sich (bzw. seinen eigenen Hauttypus) anhand folgender Aufzählung einordnen:

Keltischer Typ

Gekennzeichnet durch helle Haut, Sommersprossen, hellblonde bis hellrote Haare, rosa Brustwarzen. Diese Typ wird nicht braun sondern verbrennt. Geht er ungeschützt in die Sonne, so hat er nach nur fünf bis zehn Minuten *) Sonnenbrand.

Hellhäutiger Europäer

Hat helle Haut und blonde bis dunkelblonde Haare; wenige Sommersprossen, zartrote Brustwarzen. Der hellhäutige Europäer kann ungeschützt 15 bis 20 Minuten *) in der Sonne bleiben, ohne Sonnenbrand zu bekommen.

Dunkelhäutiger Europäer

Dieser Hauttyp ist in Europa mit fast 80 Prozent Anteil am meisten vertreten. Er hat meistens brünette bis schwarze Haare, kräftig rote Brustwarzen, seine Haut kann aber durchaus noch ziemlich hell sein. Seine Eigenschutzzeit beträgt 20 bis 30 Minuten. *)

Mediterraner Hauttyp

Olivfarbene bis hellbraune Haut, dunkelrote Brustwarzen, braune Augen und schwarzes Haar kennzeichnen ihn. Er kann ungeschützt fast unbeschränkt lange in der Sonne bleiben.

***) Lichtschutzfaktor**

Der Lichtschutzfaktor, der auf den Tuben der Sonnencremes angegeben ist, nimmt die hier angegebenen Werte der Eigenschutzzeit als Berechnungsgrundlage. Kann ein hellhäutiger Europäer beispielsweise fünf Minuten in der Sonne bleiben, ohne Sonnenbrand zu bekommen, dann kann er dies nach sorgfältiger Behandlung mit einer Creme des Lichtschutzfaktor 8 insgesamt 40 Minuten (5 × 8 = 40), mit einer Creme LSF 20 gar 100 Minuten (5 × 20 = 100).

Weitere Tipps zum Sonnenbaden

20 Minuten vor einem Sonnenbad sorgfältig eincremen.

Nicht vergessen: Nacken, Innenflächen von Armen und Beinen, Leisten- und Schambereich über der Badehose, Spann auf dem Fuß einzucremen.

Zunächst im Schatten bleiben.

Sonne zwischen 11 Uhr vormittags und 15 Uhr nachmittags meiden.

Nach einem Schnorchelspaziergang oder Bad neu eincremen.

Achtung: Sonnencreme wirkt nur ein Mal in 24 Stunden. Ist der LSF abgelaufen, verlängert er sich nicht ein zweites Mal an einem Tag.

Unterkühlung

Auch der umgekehrte Fall – die Auskühlung – kann zu ernsthaften Komplikationen führen. Zunächst sei noch einmal darauf hingewiesen, dass Wasser eine höhere Wärmeleitfähigkeit hat, als Luft. Einige Zahlen:

Bei einer Wassertemperatur von 31°C führt der Körper an seine Umgebung genauso viel Körperwärme ab, wie bei 25°C Lufttemperatur. Stünde ein unbekleideter Mensch in einer Umgebung, die + 1°C aufweist, so kann er durchaus noch nach einigen Stunden seine normale Körpertemperatur besitzen. Hielte er sich jedoch bei der gleichen Temperatur im Wasser auf, so wäre er nach einer Stunde tot.

Bevor der Körper dem Kältetod erliegt, durchläuft er drei Phasen. Die erste Phase ist das bekannte Kältezittern. Der Körper versucht hier, Wärme durch vermehrte Bewegung der Muskeln zu erzeugen. In schlimmeren Fällen kann dieses Kältezittern mit Schmerzen der Füße und der Genitalien einhergehen. Kältezittern ist also ein erstes, harmloses Signal, das Wasser zu verlassen und sich aufzuwärmen.

Die zweite Phase der Auskühlung wird eingeleitet, indem das Kältezittern aufhört und eine schleichende Muskelstarre eintritt. In der zweiten Phase empfindet der Körper immer weniger Schmerz.

Die dritte Phase ist die Erschlaffungsphase, die Muskeln erlahmen. Es tritt ein Zustand ähnlich dem Scheintod ein. Wiederbelebungsmaßnahmen gelingen hier nur noch selten. Das Gehirn ist durch eine Wasserablagerung aufgeschwollen.

Normale, am Strand umherschnorchelnde Menschen werden vernünftig genug sein, das Wasser bei ersten Anzeichen von Unterkühlung zu verlassen und sich etwas in die Sonne zu setzen. Anders sieht es aus, wenn man beispielsweise von einer Strömung erfasst wurde, die einem ungewollt aufs offene Meer hinaustreibt. Während man früher Schiffbrüchigen geraten hat, möglichst kräftig zu schwimmen, so geht man heute davon aus, dass sich der Betroffene auf keinen Fall zu sehr bewegen sollte, im Gegenteil. Wenn möglich sind die Arme vor der Brust zu verschränken und die Beine anzuziehen, um den Wärmefluss zu vermeiden. Die Devise heißt: Unnötigen Energieverlust vermeiden.

Das leidige Ohrenproblem

Der moderne, hygienisch einwandfreie Mensch neigt zu übertriebener Reinlichkeit. Nun ist es aber eine Tatsache, dass beispielsweise zu häufiges Duschen den natürlichen Säuremantel der Haut zerstört, was wiederum die Angriffsversuche von Pilzen und Bakterien erleichtert.

Darüber hinaus sind die Gehörgänge das Ziel unentwegter Reinigungsbemühungen. Ohrenschmalz ist pfui und wird mit Konsequenz weggeputzt. Nun ist es jedoch eine Tatsache, dass gerade Ohrenschmalz schützend auf die empfindliche Haut im Gehörgang wirkt. Ohrenputzen ist in Ordnung, jedoch nicht übertrieben. Wattestäbchen können dabei sogar ziemlich gefährlich werden, weil sie das Schmalz nur im vorderen Bereich des Gehörganges wegputzen können. Im hinteren Teil befindliches Ohrenschmalz wird noch weiter in Richtung Trommelfell gedrückt – es bilden sich Pfropfen, die beim Abtauchen gegen das Trommelfell drücken und ernsthafte Komplikationen hervorrufen können. Durch seine leicht fettige Konsistenz ist Ohrenschmalz vor allem ein guter Schutz gegen Wasser. Fehlt es, so haben Bakterien und Pilze freie Angriffsfläche. Einige Wochen vor einem Tauchurlaub sollte ein Ohr gar nicht mehr geputzt werden. Ohren, die zur Entzündung neigen, können prophylaktisch mit einer als »Ehm'sche Tropfen« bekannt gewordenen Tinktur gepflegt und behandelt werden: Ac. acet. glac. (DAB 9) 5,0; Aqua dest. 10,0; Isopropylalkohol (95 %) 85,0 oder Ac. acatic, 2,0, Alumin.acetic. 2 % ad 20,00.

Fragen Sie nicht, liebe Leserinnen und Leser, was hinter dieser kryptischen Formel steckt. Tatsache ist, dass das Mittel schon viele Gehörgänge entzündungsfrei gehalten hat . Und: Hauptsache der Apotheker kann die Formel zusammenmixen.

Bootsverkehr

Wie der natürliche Feind des Joggers der streunende Hund ist, so ist der natürliche Feind des Tauchers und Schnorchlers der Bootsfahrer. Am liebsten haben wir jene Spezies, die angesichts einer Taucherboje ruft: »Da! Taucher! Das müssen wir uns ansehen!« Um dann mit 40 Knoten Geschwindigkeit um die Tauchstelle zu kreisen. Ähnlich muss es wohl Götz George alias Horst Schimanski ergangen sein, der, vor seinem sardischen Domizil schnorchelnd, von einer Schiffsschraube schwer verletzt wurde.

Schnorchler können das Risiko einer Bootsschraubenverletzung minimieren, indem sie grundsätzlich von Wasserstraßen fern bleiben. Aber auch dann heißt es: Immer die Boje mitführen! Beim Auftauchen ist der Blick nach oben gerichtet, der Schnorchler dreht sich um seine Längsachse. So kann er Boote an der Oberfläche erkennen und sich rechtzeitig eine andere Auftauchstelle suchen. Da heißt aber auch, dass immer rechtzeitig, vor Einsetzen des *breath-hold-breaking-point*, aufgetaucht werden muss und genügend Sauerstoffreserve in der Lunge ist.

■ Bootsschrauben können Schnorchlern tödliche Verletzungen zufügen. Man meide deshalb Wasserstraßen und führe immer eine Boje mit sich.

Gefährliche Meerestiere

Die meisten Leser denken, spricht man von gefährlichen Meerestieren, sofort an Haie, Riesenkraken, Muränen und Barrakudas. Nimmt man alle Unfälle eines Jahres, die Taucher, Schnorchler und Schwimmer durch Einwirkungen von Meerestieren erleiden, zusammen, so würden sich alle diese Tiere um den letzten Platz in der Liste streiten.

Klar, Haie sind keine Schoßhündchen. Aber sie sind auch nicht die blutgierigen Bestien, die wir in ihnen sehen. Nicht Angst, vielmehr Respekt sollte man vor ihnen haben. Darüber hinaus gehören Begegnungen mit Haien für Schnorchler zu den ganz ganz seltenen Erlebnissen – sieht man einmal von Babyhaien in Tropenlagunen ab. Der neueste Renner für Schnorchler: Ökotouren vor der Bahamas-Insel Walker's Kay. Schnorchler begegnen hier Haien ganz gefahrlos.

Der Feind Nummer eins für Schnorchler dürfte wohl noch immer der äußerst gefürchtete Seeigel sein. In Strandnähe lauert er uns auf, nur um uns seinen Stachel in den Fußballen zu treiben. Schnorchler und Schwimmer aufgepasst: Wer ins Wasser gehen will oder muss, der tut dies am besten mit schlurfenden Schritten. Vorher einen Blick durch die Tauchermaske, ob der eingeschlagene Weg über einen Felsrücken oder ein Riffdach auch sauber ist.

Trittverletzungen können, besonders in den Tropen, auch noch durch andere bodenlebende Tiere hervorgerufen werden. Beispielsweise durch Skorpionfische wie den Steinfisch oder den Drachenkopf. Aber, vorwiegend im Sand, auch durch Stachel- und Zitterrochen. Wieder gilt: Ins Wasser schlurfen.

Tropenriffe beherbergen noch einen anderen unangenehmen Gesellen – den Drückerfisch. In normalen Zeiten ein durchaus harmloser und farbenprächtiger Begleiter während eines Schnorchelausfluges. Er wird zur Bestie, wenn das Weibchen abgelaicht hat, und das Männchen die Brut bewacht. In

■ Gefährlicher als Haie: Verletzungen durch Seeigel und andere Stachelhäuter stehen ganz oben auf der Liste der möglichen Tauchunfälle.

■ Auch Seesterne, hier die Dornenkrone, sind Stachelhäuter. Dornenkronen verfügen zusätzlich über schwach wirksame Giftdrüsen.

■ Giftige Schönheiten: Der Strahlen-Feuerfisch gehört zu den Skorpionfischen und hat an seinen Rückenflossen hoch wirksame Giftdrüsen. – Berühren verboten.

■ Diese Vertreter ihrer Familie sind harmlos, andere Quallen aber können schmerzhafte und gefährliche Nesselvergiftungen hervorrufen. Unser Bild: Jelly-Fish Lake in Palau.

einem gewissen Radius um die Bruthöhle darf sich kein möglicher Feind aufhalten, da kennt der Drücker nichts! Radikal beißt er alles weg, was seinem Nachwuchs gefährlich werden könnte. Der Drücker kennt keine Furcht, auch größere Fische wie Muränen oder Zackenbarsche werden gnadenlos angegriffen – und natürlich Schnorchler.

Der Drücker legt sich zunächst flach auf die Seite, beobachtet. Führt dann einige Scheinangriffe durch, damit warnt er den Eindringling. Jetzt sollte man umkehren, will man keine Bissverletzungen erleiden. Die kräftigen Zähne des Drückers schaffen es, spielend auch einen dicken Tauchanzug zu durchdringen.

Verletzungen durch Meerestiere

Stiche und Bisse von nicht giftigen Meerestieren

Darunter fallen Bisse von Fischen und eingetretene Stacheln von Stachelhäutern, Schnittverletzun-

■ Blaupunktrochen haben einen Stachel mit einer respektablen Giftdrüse – Vorsicht, vor allem im Sand. Wer ins Wasser geht, sollte dies mit Schlurfschritten tun.

■ Der Drücker kann schmerzhafte Bissverletzungen verursachen. Das Männchen, hier ein Picasso-Drücker, ist für die Bewachung der Brut verantwortlich und dann aggressiv.

gen an scharfkantigen Korallen. Die Wunden werden gereinigt, etwa darin verbleibende Stacheln werden entfernt. Blutet die Wunde, soll dies für einige Zeit so bleiben, denn Blut wäscht Verunreinigungen aus. Nach einigen Minuten die Blutung zum Stillen bringen. Wunde mit Desinfektionsmitteln behandeln. Weiter beobachten, ob sich die Wunde entzündet.

Stiche und Bisse von giftigen Meerestieren

Darunter fallen Verletzungen vom Blaugeringelten Oktopus, dem Steinfisch, einigen Arten von Drachenköpfen und Rotfeuerfischen, Steinfischen, Seeschlangen, Stachelrochen. Für einige Gifte der genannten Tiere gibt es Gegenmittel, vor der Reise den Arzt fragen und sich ein entsprechendes Serum verschreiben lassen. Beispiele: Hyoszin-Butylbromid oder Emetin-Hydrochlorid helfen gegen Stiche des Steinfisches.

Wer keine Gegenmittel hat: Wunde in sehr heißes Wasser tauchen, die Gifte zerfallen dann (nicht die des Blaugeringelten Oktopus und der Seeschlange), namentlich das des Steinfisches. Den Verunfallten auf die Seite legen (stabile Seitenlage), bei Lähmungserscheinungen und Atemstillstand beatmen und Herzmassage. Die Wunde auf jeden Fall gründlich säubern und verbliebene Fremdpartikel vom Tier sorgfältig entfernen. So schnell wie möglich ärztliche Hilfe holen.

Verletzungen durch Nesseltiere (Quallen)

Wunde mit Essig beträufeln, darauf achten, dass an der Haut haftende Nesselkapseln nicht während des Entfernens explodieren, was weitere Nesselungen zur Folge hat. Bei stark giftigen Quallen wie Würfelquallen oder Portugiesischer Galere ist das Rufen von ärztlicher Hilfe vorrangig vor der Erstversorgung des Patienten – abgesehen vom Verbringen in die stabile Seitenlage.

Allgemein

Opfer immer aus dem Wasser holen und möglichst ruhig lagern. Beruhigend wirken, Patienten genau beobachten, Hilfe anfordern. Gegebenenfalls in die stabile Seitenlage legen und bei Atemstillstand wiederbeleben. Auskühlung oder zu starke Sonneneinwirkung vermeiden, indem der Patient in den Schatten gelegt wird und mit einer leichten Decke zugedeckt wird. Nicht alleine lassen.

Kapitel 6

Von Wetter, Wind und Wellen

Friedlich liegt die »Pollux«, ein Kreuzfahrtschiff für Taucher und Schnorchler, im Süd-Male-Atoll. Wind und Wellen zeigen sich von der angenehmen Seite.

Kapitel 6: Von Wetter, Wind und Wellen

Schnorcheln und Tauchen sind Natursportarten. Was heißt, dass sie in der freien Natur ausgeübt werden – und damit den Menschen den Auswirkungen der Naturgewalten aussetzen.

Ob heimische Gefilde, Europas Süden oder die Tropen: Bei Sturm und Gewitter bleiben Schnorchler an Land. Starker Wind, Sturm gar, bringen unberechenbare Strömungen auf die Wasseroberfläche und lassen einen Schnorchelausflug zum Vabanquespiel werden. Eben noch war die Wasseroberfläche nur sanft gekräuselt, schon lässt eine kräftige Windböe eine ablandige, für uns unüberwindbare Strömung entstehen. Noch schlimmer stellt sich die Situation bei Gewitter dar. Niedergehende Blitze neigen aus physikalischen Gründen dazu, immer in erhöht stehende Gegenstände einzuschlagen –auf einer glatten Wasseroberfläche ist im Zweifel der Kopf eines Schnorchlers der höchste Punkt.

Eine weitere Gefahrenquelle für Schnorchler ist, namentlich in den Tropen, der Regen. Wer einmal einen kräftigen Monsunguss miterlebt hat, der weiß warum. Der Regen fällt dermaßen dicht, dass selbst wenige Meter entfernt stehende Mauern, Bäume Gegenstände nicht mehr erkannt werden können. Ein Schnorchler, der nur einige zehn Meter vom Strand entfernt schwimmt, erkennt unter Umständen das Ufer nicht mehr. Versuche mit Fliegern haben ergeben: Ein Pilot, der mit einer Maschine ohne entsprechende Blindfluginstrumente unterwegs ist, hat schon nach nur 80 Sekunden in einer Nebelbank, einer großen Wolke jegliche Orientierung verloren. Er kann nicht mehr sagen, ob seine Maschine sinkt oder steigt, eine Kurve fliegt oder gar Kopf steht. Ähnlich kann es dem Schnorchler ergehen. Wird er jetzt gar noch von einer Strömung erfasst, er merkt es nicht einmal, da ihm jegliche optischen Bezugspunkte an Land abgehen.

Besonders einflussreich: der Wind

Am unmittelbarsten wirken Wellen auf einen Taucher. Besonders derjenige, der von Land aus ins Wasser steigt, muss dies oft gegen anlaufende Wellen oder gar Brandung tun. Wellen entstehen durch Einwirkung gravitätischer Kräfte (beispielsweise die des Mondes), besonders aber durch die Kraft des Windes, der auf die Wasseroberfläche wirkt.

Die Anatomie einer Welle besteht aus dem Wellenkamm, dem Wellental, der Wellenhöhe und der Wellenlänge. Den höchsten Punkt einer Welle bezeichnet man als Wellenkamm, den tiefsten Punkt als Wellental. Die Differenz zwischen Wellenkamm und Wellental ist die Wellenhöhe. Die Entfernung zwischen zwei Wellenkämmen (bzw. -tälern) ergibt die Wellenlänge.

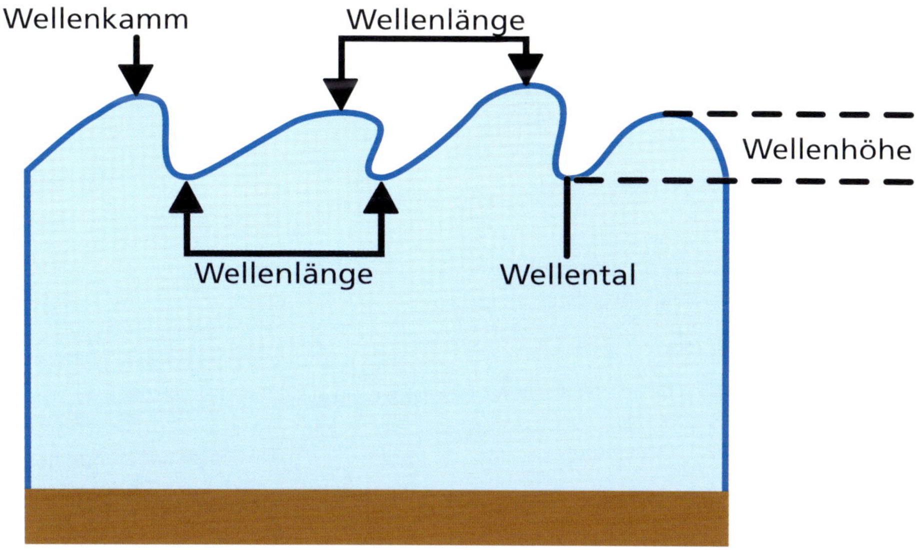

■ Begriffsbestimmung: Die Kennzeichnungen benennen den in Wellenkunde jeweils richtigen Begriff.

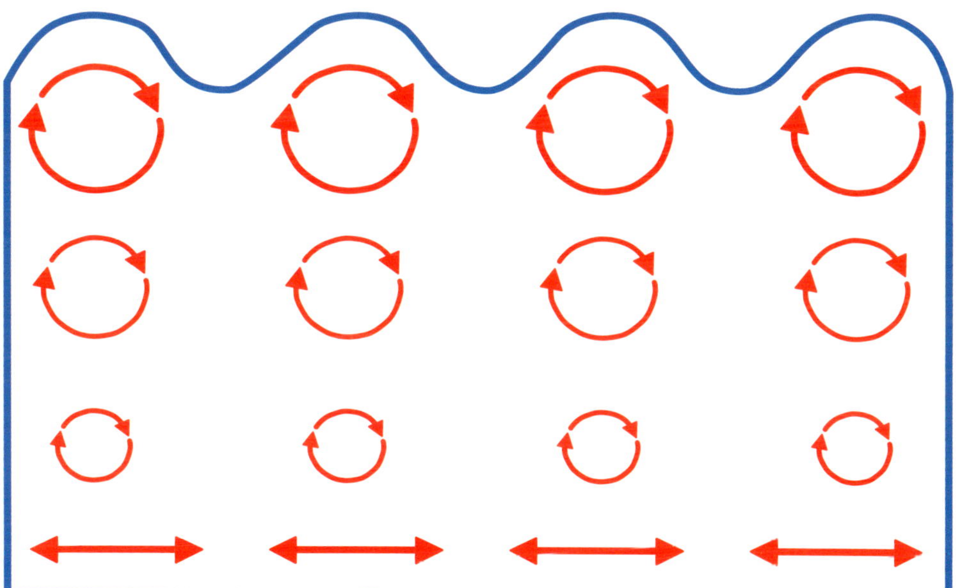

■ Wasseraktivitäten unter der Oberfläche. Man spricht von Orbitalbewegungen.

■ Ein steil aufsteigender Meeresgrund produziert hohe, sich brechende Wellen.

Steht der Wind gleichmäßig und immer aus der selben Richtung aufs Wasser, so entstehen lange, ruhige Dünungswellen. Verändern sich Windrichtung und -stärke, so wird die See kabbelig und unruhig, die Wellen werden kürzer und steiler. Dabei wirkt der Wind auf zwei Arten auf das Wasser ein: zunächst durch den sich ständig ändernden Luftdruck und dann durch den Reibungswiderstand, der bei der Begegnung der beiden Naturgewalten entsteht. In jedem Fall aber wird aus der Luft Energie aufs Wasser übertragen, Wellen wachsen direkt proportional zur Windgeschwindigkeit.

■ Sanfter ansteigende Böden halten die Wellenhöhe niedrig.

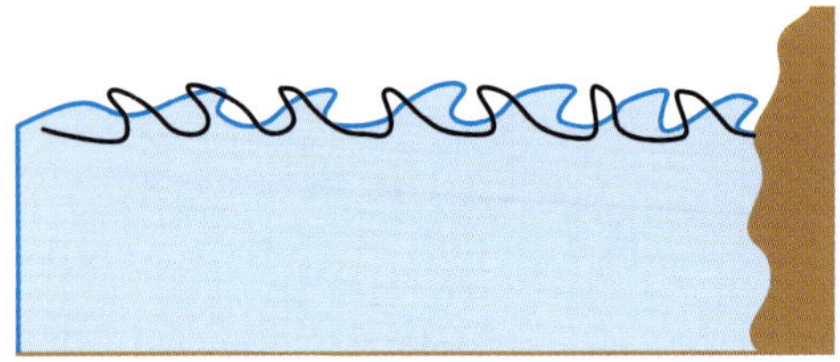

■ Felswände brechen Wellen und werfen diese zurück aufs offene Wasser.

Das Phänomen der Wellen

Selbst kleinere heimische Gewässer wie Baggerseen oder gar Stauseen, wie der Edersee oder der Schluchsee, von einem Riesen wie dem Bodensee ganz zu schweigen, werden bei starkem Wind und entsprechender Wellentätigkeit ziemlich unberechenbar für Schnorchler. Wer einmal am Meer einen einigermaßen windigen Tag miterlebt hat und die Auswirkungen aufs Wasser, der wird zustimmen, dass nicht jedes Wetter und jeder Seegang fürs Schnorcheln geeignet ist. Nicht umsonst sagt man, Gewässer seien launisch.

In diesem Zusammenhang wollen wir den wohl wichtigsten Tipp für Schnorchler und Taucher weitergeben: Auch einmal »Nein, heute nicht!«, sagen können. Und wenn andere drängen und wenn Sie noch so gespannt sind, ob der kapitale Fisch von gestern noch an seinem Platz steht. Scheint einem das Wetter zu unstet, ist einem nicht wohl oder hat man auch nur keine Lust: Nein sagen hat schon manchen Tauchunfall vermieden.

Zurück zum Phänomen der Wellen. Wenn wir das wogende Meer von einem erhöhten

Schnorcheln in Wellen

Grundsätzlich bei starkem Wellengang nicht ins Wasser gehen – auch wenn es noch so verlockend ist.

Nie gegen Wellen anzuschwimmen versuchen, sie sind immer stärker und der Schnorchler verbraucht zu viel Kraft.

Wellen als Transportvehikel nutzen, indem man auf ihnen »reitet«.

Bei Ein- und Ausstieg die Brandungszone schnell hinter sich bringen.

Wellen kann man durchtauchen und so den rückwärts gerichteten Energiefluss des Wassers optimal ausnutzen.

Standpunkt aus beobachten, dann meinen wir, das Meer wandere, fließe in eine Richtung. Tatsache ist aber, dass sich lediglich Wellen dort bilden, wo vorher ein Tal war und diese Wellenbildung optisch eine gewisse Richtung verfolgt. In Wirklichkeit jedoch zieht nur die Wasserenergie vorwärts, das Wasser selbst jedoch zirkuliert auf der Stelle. Und zwar folgendermaßen: Im Wellenberg strömt das Wasser vorwärts, bis es das Wellental erreicht hat. Dort ändert es seine Richtung und strömt an der Basis der Welle wieder zurück, das heißt rückwärts. Wir sprechen von der Orbitalbewegung des Wassers.

Den besten Beweis für diese Tatsache können wir am Strand oder an der Küste beobachten. Flacher werdender Meeresgrund erhöht die Reibung im Basisbereich einer Welle, die kreisende Bewegung der Wassermoleküle innerhalb der Welle wird zur elliptischen Bewegung. Das bewirkt, dass die Welle steiler wird und schließlich, instabil geworden, in sich zusammenbricht. Das so auf den Strand aufgelaufene Wasser fließt als Rückströmung ins Meer zurück.

Für den Schnorchler können diese, teilweise recht kräftigen, Rückströmungen zum echten Problem werden. Nämlich dann, wenn er das Wasser verlassen will. Je nach Wellengang hat sich dann folgende Technik

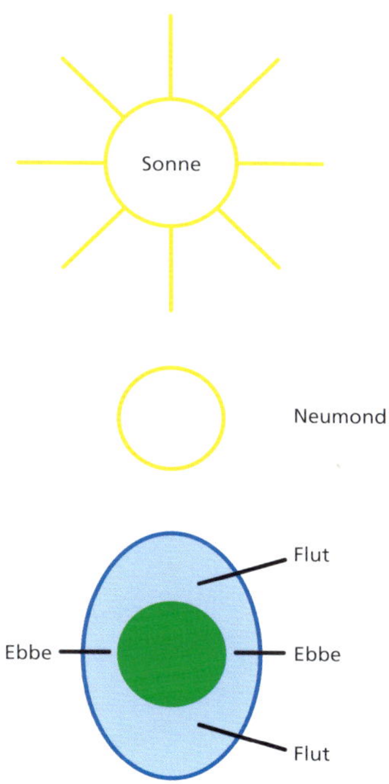

■ Sonne und Mond bündeln ihre Anziehungskräfte, das führt zu großen Schwankungen des Meeresspiegels.

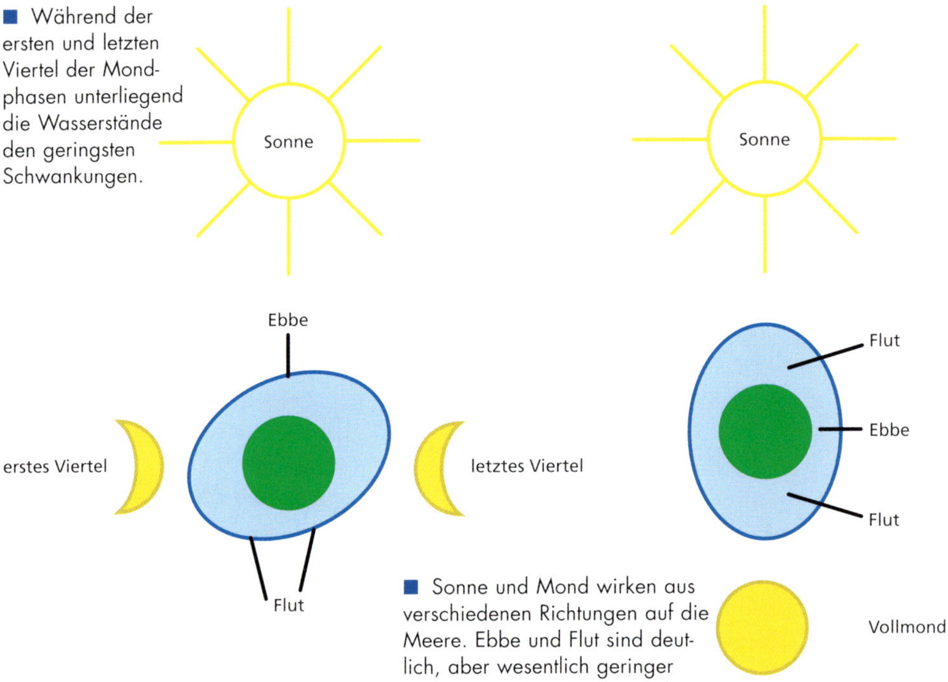

■ Während der ersten und letzten Viertel der Mondphasen unterliegend die Wasserstände den geringsten Schwankungen.

■ Sonne und Mond wirken aus verschiedenen Richtungen auf die Meere. Ebbe und Flut sind deutlich, aber wesentlich geringer ausgeprägt als bei Neumond.

bewährt: Man wartet im tiefen Wasser auf eine große Welle und reitet auf dieser so nah wie möglich an den Strand heran. Sobald man stehen kann, kämpft man sich, rückwärts gehend, zurück ans Ufer. Kommt man nahe genug, hat sich auch die Vorwärtsbewegung auf Knien und Händen bewährt, diese Technik sieht man oft an kalifornischen Stränden, wenn Schnorchler von Ausflügen in die Kelpwälder zurückkommen.

Von Ebbe und Flut

Alle zwölf Stunden und 26 Minuten wechselt die Meereshöhe weltweit. Das kann sich ganz krass auswirken, wie beispielsweise an einem Nordseestrand, wo ganze Meeresgebiete trocken fallen. Das kann sich aber auch nur um wenige Zentimeter handeln, wie im Mittelmeer.

Schuld an diesem so genannten Gezeitenwechsel ist der Mond, geringfügig auch die Sonne. In seinem Lauf um die Erde wirkt sich die Anziehungskraft des Mondes auf diese und auf alles, was sich auf ihr befindet, aus. So auch auf das Wasser. Beispielsweise wird das Wasser auf jener Erdhälfte, auf der der Mond sich gerade befindet, von ihm angezogen. Auf der anderen Erdhälfte bewirkt die Drehung der Erde eine Zentrifugalkraft, das Wasser strebt nach außen. Auf den mondabgewandten und -zugewandten Seiten der Erde herrscht jetzt Flut. Dazwischen Ebbe.

Warum? Weil dort die Wassermassen abgezogen werden, die zum Steigen des Wasserpegels auf den Flutseiten benötigt werden.

Gezeiten können im Meer ganz erhebliche Strömungen verursachen, die für Schnorchler nicht ungefährlich sind. Verstärkt werden diese Tidenströme noch durch örtliche Gegebenheiten. Beispielsweise durch die engen Kanäle in den Atollen der Malediven, in denen während des Gezeitenwechsels durch den Düseneffekt wahrhaft mörderische Verhältnisse herrschen können. Andererseits aber sieht man als Schnorchler gerade in der Strömung am meisten, mit Sicherheit sogar die ganz dicken Brocken der Ozeane: Mantas, Haie, Schwertfische – sie alle jagen im besonders nährstoffreichen Wasser.

Schnorcheln in Strömungen

Neben Wellenbewegungen und Gezeiten können auch andere Kräfte Strömungen im Wasser verursachen. Wieder spielt der Wind entscheidend mit. Steht er leicht und gleichmäßig auf die Wasseroberfläche, dann schiebt er das Wasser an der Oberfläche immer vor sich her. Es entsteht eine Strömung, die, leicht versetzt (je nach Erdrotation) in Windrichtung fließt. Diese durch Wind verursachten Strömungen nennt man Drift.

Sonne und Wind wirken zusammen in Wärmeströmungen. Die Sonne erwärmt das Oberflächenwasser, welches vom Wind weggedrückt wird. Aus der Tiefe strömt kaltes, nährstoffreiches Wasser nach. Dieses Phänomen kann auf den Schnorchler in mehrerer Hinsicht unangenehm wirken: Da ist zum einen die auftretende Strömung, da wirkt selbstverständlich auch der Temperaturunterschied von warm nach kalt. Und schließlich kann es geschehen, dass das nährstoffreiche Tiefenwasser die Sicht durch die vielen Planktonteilchen erheblich verschlechtert.

Schnorcheln in Strömungen

Einen Schnorchelspaziergang vom Strand oder Boot aus immer gegen die Hauptströmungsrichtung beginnen.

Schnell abtauchen und dicht am Boden bleiben, da dort die Strömungen verwirbeln und deshalb weniger stark sind.

Rechtzeitig, das heißt mit genügend Atemreserve, auftauchen.

Felsen, Sanddünen, Korallenblöcke als Strömungsdeckung nutzen.

Schnorcheln vom Boot: Strömungsleine ausbringen, das Boot muss den Tauchern folgen.

Bei ablandiger Strömung: Nie direkt, das heißt senkrecht, gegen die Strömung anschwimmen. Wie ein Segelboot »kreuzen«.

Kapitel 7

Sicherheitshinweise und Praxistipps

■ In unsichtigen Gewässern mit starker Strömung tut der Schnorchler gut, solch eine Signalboje mit sich zu führen. Er wird auch von Weitem gesehen.

Kapitel 7: Sicherheitshinweise und Praxistipps

Diesem Kapitel können Sie Kniffs und Tricks entnehmen, die Ihnen Ihren neuen Sport so komfortabel wie möglich und so sicher wie möglich machen können. Sie werden sehen, dass viele dieser Kniffe ganz einfacher, ja banaler Natur sind. Und doch sie können einem (Neu-) Schnorchler das Leben ungemein erleichtern.

Ausrüstungskauf

Knackpunkte sind die Maske und die Flossen. Lassen Sie sich beim Kauf eine Auswahl mit nach Hause geben und behalten Sie die verschiedenen Modelle für jeweils eine halbe Stunde an (das geht ganz gut vor dem Fernseher, nicht mit den Flossen laufen!). Schnell merkt der Käufer, welches Modell ihm am besten passt.
Bei Flossen: auf Druckstellen achten;
Bei Masken: auf Dichte, Blickwinkel und Sichtfeld achten.

Ausbildung und Training

Empfehlenswert ist auf jeden Fall, einen Schnorchelkurs zu absolvieren. Erkundigen Sie sich vorher, welcher Verein in

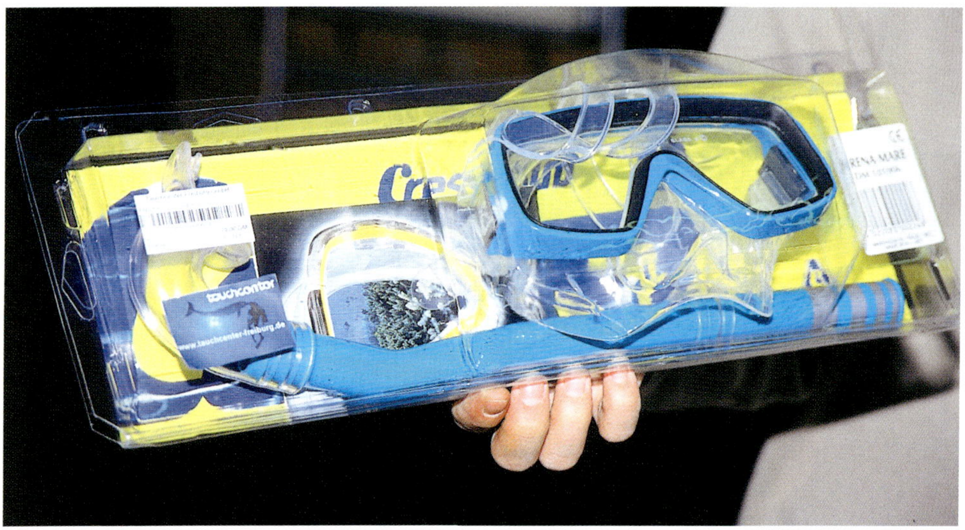

■ Wer nicht viel Geld für seine Ausrüstung ausgeben will, der kann sich so ein preisgünstiges Komplettset zulegen. Bei manchen sind sogar schon die Flossen dabei.

■ Etwas Training vor einem Urlaub verbessert Kondition und Technik – und tut dem müden Corpus gut.

Ihrer Nähe nach welchem System schult, wählen Sie die Ihnen sympathischste Ausbildung.

Ein weiteres Kriterium ist der Club selbst. Es gibt sportlich orientierte, die ambitioniert auf Wettkämpfe trainieren. Dann gibt es Vereinigungen, die eher den Spaßeffekt anstreben. Welche Art Sie wählen, kommt auf Ihre Zielrichtung an.

Urlaub

Ein gelungener Schnorchel-Urlaub beginnt mit der richtigen Vorbereitung. Das heißt, sich vorher erkundigen erspart Zeit und Ärger.

Wo informiere ich mich?

Viele Tauchshops haben kleine Reisebüros angegliedert, über die Tauchreisen vermittelt werden. Fragen Sie dort, denn ein Tauchshopbesitzer weiß, worauf es bei einem Schnorchelgewässer ankommt.

Das Internet bietet hervorragende Recherchemöglichkeiten, wenn Sie schon einige Ziele in die nähere Auswahl gezogen haben.

Rechtliches

Lesen Sie die Prospekte richtig! Die »romantische Hütte im einheimischen Stil«

■ Bevor ein Gewässer betaucht wird, sollte man sich nach den Regeln erkundigen.

■ Die Maske muss trocken sein, wenn man hineinspuckt. Sonst beschlägt sie trotzdem.

■ Sicher ist sicher: Im Wasser führt der Schnorchler immer eine Sicherheitsboje mit sich.

kann sich durchaus als Bretterbude entpuppen; die »verkehrsgünstige Lage« eines Hotels kann ausdrücken, dass Sie am Schnittpunkt von zwei sechsspurigen Autobahnen untergebracht sind.

Wann reise ich?

Erkundigen Sie sich auf jeden Fall nach den besten Reisezeiten. Sonderangebote sind oft nur dazu da, in gewissen Gegenden die Schlechtwettersaison mit Gästen zu füllen. Doch dann ist oft auch Schnorcheln ungemütlich oder sogar gefährlich.

Weitere Infos

Kaufen Sie sich zu Ihrem Reiseziel Literatur. Die kleinen, kompakten Reiseführer von Müller Rüschlikon (viele davon von den Autoren dieses Praxisbuches) geben einen

■ Ein kühner Sprung vom Boot, schon ist man in Neptuns Reich. Beim Sprung die Maske festhalten. Darauf achten, dass das Wasser frei von Kameraden ist.

nahezu kompletten Überblick über das jeweils angepeilte Reiseziel. Auch die Fachpresse (»tauchen«, »unterwasser«, »Aquanaut«) liefert gute Informationen.

Vor Ort

Am Urlaubsort angekommen, dient ein ausgedehnter Spaziergang am Meeresufer der ersten Orientierung. Wo sind mögliche Einstiegs-, vor allem aber auch Ausstiegs-Stellen? Wo ist es flach, wo eventuell zu steil? Tipp: Ein- und Ausstiege sind oft mit Bojen oder Seilen markiert.

Gibt es an Ihrem Urlaubsort eine Tauchbasis (wahrscheinlich), so erkundigen Sie sich ruhig beim Leiter oder bei einem der Tauchlehrer. Danach sollten Sie fragen:

- Wann gibt es wo welche Strömungen?
- Gibt es aktuelle Gefahren (Quallen, Seeigel-Überpopulation etc.)
- Auswirkungen des Gezeitenwechsels
- Umwelt (Münden irgendwo Abflussrohre ...)

Unterhalten Sie sich auch mit den Tauchern, die zu Gast auf der Basis sind. Erkundigen Sie sich nach lohnenden Tauchstellen, wo es welche Fische gibt und so weiter.

Einstiegsphase

Befindet sich eine Tauchbasis am Ort: Bescheid sagen, dass man einen Schnorchelgang macht. Viele Basen haben eine Tafel aushängen, wo man sich ein- und später auch wieder austragen kann.

Die Tauchermaske im trockenen Zustand bespucken. Ist sie nass, kann der Speichel nicht als Antibeschlagmittel wirken.

Flossen stehend oder sitzend im Wasser anziehen. Auf guten Sitz achten, ebenso darauf, dass kein Sand in den Fußteil (scheuert) kommt.

Tauchen vom Boot aus: Ausrüstung an Deck anziehen. Beim Einspringen Maske festhalten. Immer mit den Füßen zuerst springen, die früher üblichen Rollen haben ausgedient. Vorher den Kopf mit der Maske ins Wasser (wenn möglich), um Hindernisse aufzuspüren.

Auf Sonnenschutz achten: T-Shirt wirkt Wunder. Nie nach einem langen Sonnenbad direkt ins Wasser.

Schließlich: Vergessen Sie Ihre Schnorchlerboje nicht an Land. Diese ist immer mitzuführen.

Bei einem Flusstauchgang sich vor dem Einstieg flussab eine geeignete Ausstiegsstelle suchen. Diese ist unbedingt zu nehmen, auch wenn man noch nicht ausgekühlt ist und noch Lust hat, weiterzumachen. Vorsicht an Schleusen, Stellfallen, Wasserkraftwerken. Diese unbedingt meiden!

Bemerkungen zu Strömungen

Bei Gezeitenwechsel herrschen oft Verhältnisse, die dem Schnorchler überhaupt nicht passen. Wechselt die Tide von Flut zu Ebbe, gibt es oft heftige ablandige Strömungen. Umgekehrt läuft die Strömung beim Ebbe-Flut-Wechsel dem Land zu. Während des Gezeitenwechsels sollte man deshalb nur in unmittelbarer Landnähe bleiben.

Wo es kleine, kabbelige Wellen in unmittelbarer Umgebung von topfebener See hat, gibt es mit hoher Wahrscheinlichkeit Strömung. Oberflächenströmung stellt

■ Laufen schadet dem Riff und den Flossen. Im hüfthohen Wasser ist Schwimmen angesagt.

man fest, indem man etwas Schwimmbares (Korken) ins Wasser wirft, zur Not tut's auch ein kräftiger Spucker. Achtung: Oberflächenströmung sagt nichts darüber aus, wie die Strömungsverhältnisse in der Tiefe sind. Dies sieht man an den Fischen. Bei starker Strömung sind alle kopfwärts zur Strömung hin ausgerichtet. Kleine Fische bewegen sich fast zittrig, große sind oft hinter Korallen oder Felsblöcken in Deckung gegangen.

Gerade um Inseln (Karibik, Südsee) gibt es eine ruhigere und eine stürmischere Seite – verbunden mit mehr oder weniger Strömung. Hier aber die Diskrepanz: Die stürmischere Seite ist gefährlich, dort aber gibt es mehr zu sehen. Schätzen Sie sich selbst und die Gefahren bitte richtig ein! Fragen Sie die Tauchguides auf der Basis.

Umwelthinweise

Schnorchler harpunieren nicht und sammeln auch keine Souvenirs wie Neptunsöhrchen, Steckmuschelschalen, Kaurimuscheln. Beschädigungen der Unterwasserwelt unterbleiben (Abbrechen von Korallen etc.)! Ebenso verpönt ist der Kauf solch fragwürdiger Mitbringsel. Wer kauft ist genau so schuld am Ausverkauf der Meere. In diesem Zusammenhang: Auch wer alte Sachen wie beispielsweise Amphoren, Speerspitzen, Bleianker usw. entdeckt, lässt diese Dinge, wo sie sind. Nur allzu schnell kommt man hier mit dem Gesetz in Konflikt.

Ebenso unterbleiben bitte Fischfütterungen. Die Tiere gewöhnen sich daran und stellen das eigene Futtersuchen ein. Sie wer-

■ Will ein Tier (unser Bild zeigt einen Seelöwen) Kontakt mit einem Menschen aufnehmen, nähert es sich von selbst. Verhalten Sie sich ruhig passiv.

■ So macht Training Spaß: Mitglieder der Breisacher Sporttaucher zeigen, wie das »Okay-Zeichen« richtig über der Wasseroberfläche und auf Entfernung gemacht wird.

den träge und ihrerseits schneller Beute eines Räubers.

Bei Ein- und Ausstieg so schonend wie möglich vorgehen. Schon bei geringer Wassertiefe schwimmen statt gehen. Muss man sich irgendwo festhalten (Strömung), so wedelt man die Stelle vorher frei, es könnte ja gerade ein Tier dort sein.

Sind größere Tiere (Seelöwen, Delfine, Wale) in der Nähe, hält man Abstand. Diese kommen von selbst näher, wenn sie an einer Kontaktaufnahme interessiert sind.

Im Wasser

Sich selbst und die Umwelt immer beobachten (Sonnenbrand, Auskühlung, Strömungsabdrift usw.), ab und zu den Kopf aus dem Wasser heben, um zu sehen, wo man sich befindet.

Keine Tiefen- und Zeitrekorde aufstellen wollen. Der schönste Bereich in den Tropen wie im Süßwasser liegt zwischen Null und zehn Metern Tiefe.

Keine Jo-Jo-Tauchgänge. Das heißt, ständig auf- und wieder abtauchen. Das Trommelfell wird so zu sehr beansprucht.

In der Dämmerung sieht man viel, da ist viel los. Während dieser Zeit aber immer nur mit Lampe (=Sicherheitsfaktor!) tauchen. Batterie/Akku prüfen.

Ausstieg

Bei Brandung eine größere Welle abwarten und diese so lang wie möglich als Transportmittel Richtung Strand nutzen, dann zügig Richtung Land schnorcheln. Sobald man komfortabel stehen kann, Flossen ausziehen und gehen. Bewährt hat sich hier die Verwendung von Fersenbandflossen und Füßlingen. Diese schützen den Fuß vor Verletzung und verhindern das Ausrutschean auf glitschigen Stellen. Die gekennzeichneten Ausstiegsstellen nutzen.

Bei Schnorchelgängen vom Boot aus: Flossen anbehalten, bis man das Deck erklommen hat, denn wer aus irgendeinem Grund zurückfällt, braucht die Flossen, um gegen Strömungen anzuschwimmen.

Nach dem Schnorcheln

Den eigenen Körper (vor allem die Gehörgänge) und die Ausrüstung sofort gut im Süßwasser spülen. Nicht in der prallen Sonne trocknen – das betrifft sowohl die Ausrüstung als auch den Menschen. Haut sofort mit einer Sonnencreme eincremen, Ohren gegebenenfalls mit Tropfen behandeln.

Unterwasserzeichen

Schnorchler können sich in den Zeiten, in denen sie sich über der Wasseroberfläche bewegen, sehr gut abstimmen und austauschen. Unter Wasser bleibt ihnen dieser Vorteil versagt. Trotzdem gibt es die Möglichkeit, sich das Wichtigste per Handzeichen mitzuteilen. Ausgangspunkt so einer »Unterhaltung« ist meistens die Frage eines Partners: »Alles in Ordnung?« Der so Gefragte hat eine Reihe von Möglichkeiten, sich mitzuteilen.

Achtung: Unterwasserzeichen werden, für den Partner gut sichtbar, immer in Kopfhöhe gemacht. Folgende Zeichen sind für Schnorchler praktikabel:

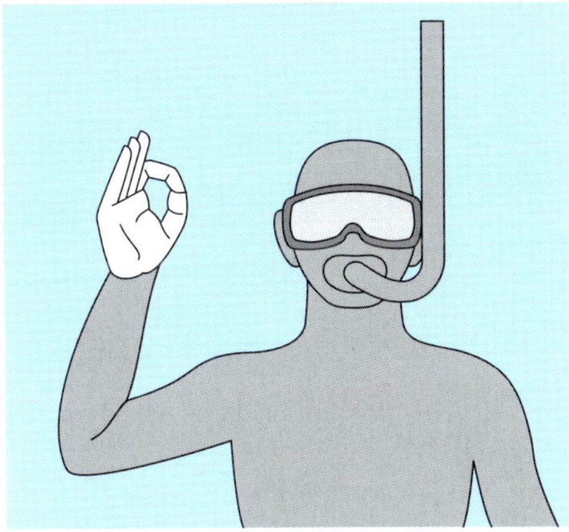

■ Alles okay? (Als Frage und Antwort)

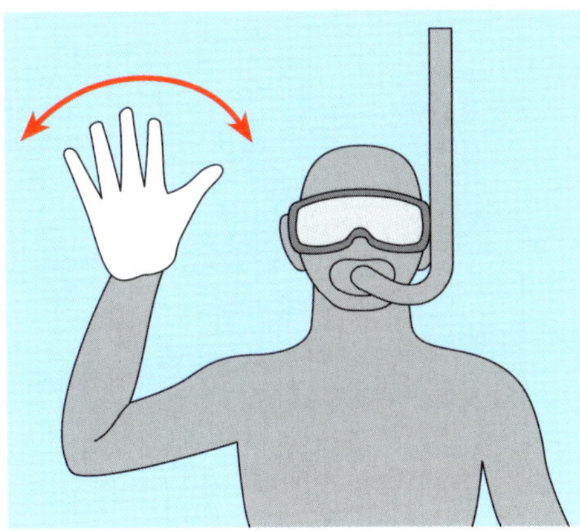

■ Höchste Gefahr

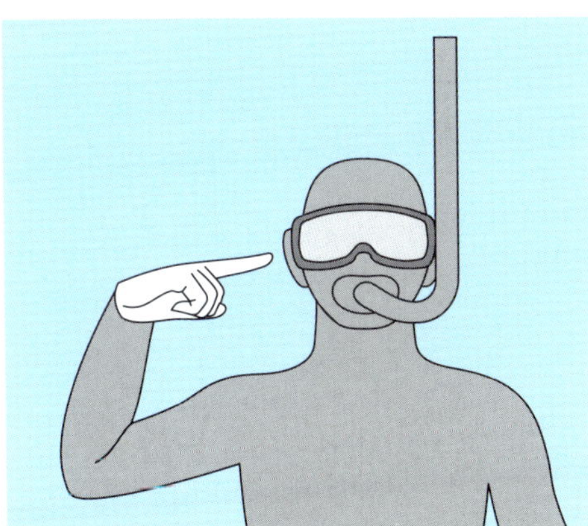

■ Ich habe Ohrprobleme

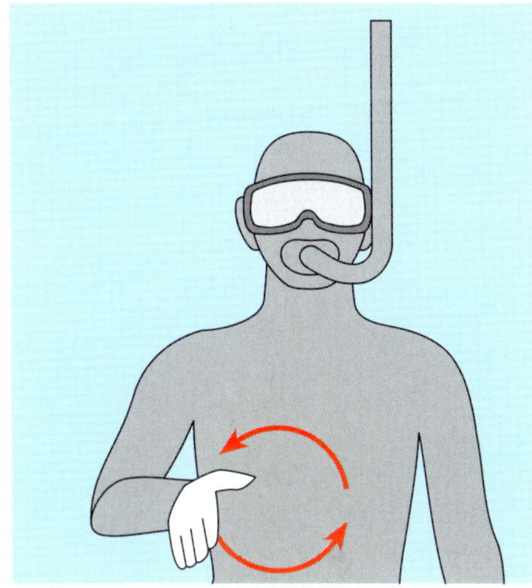

■ Bei mir stimmt etwas nicht

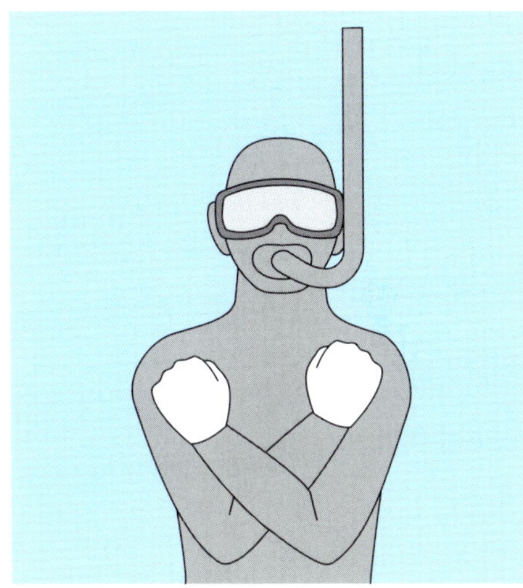

■ Ich friere

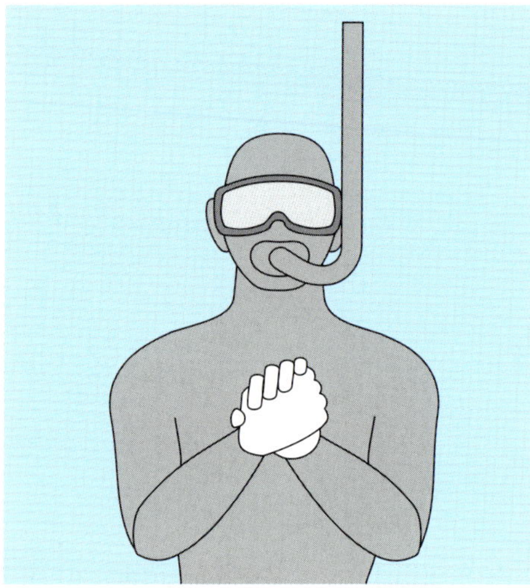

■ Gib mir / gebt Euch die Hand

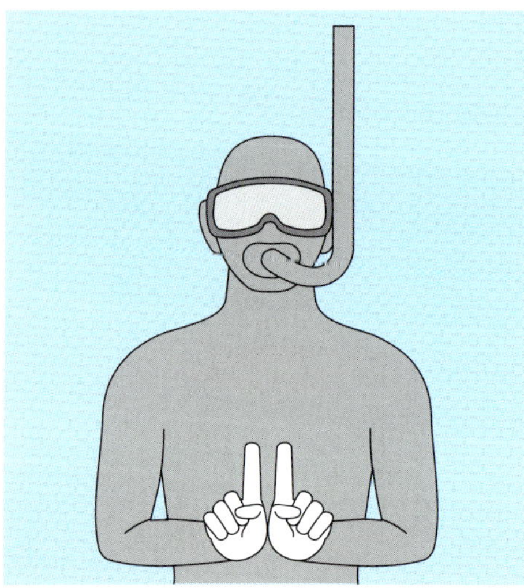

■ Zusammenbleiben

Über Wasser:

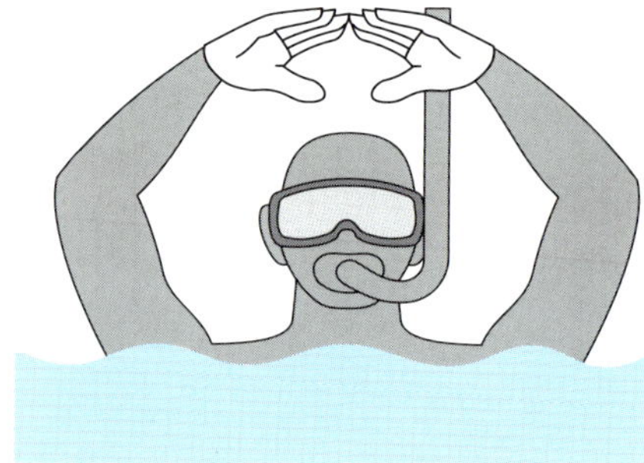

■ Alles in Ordnung

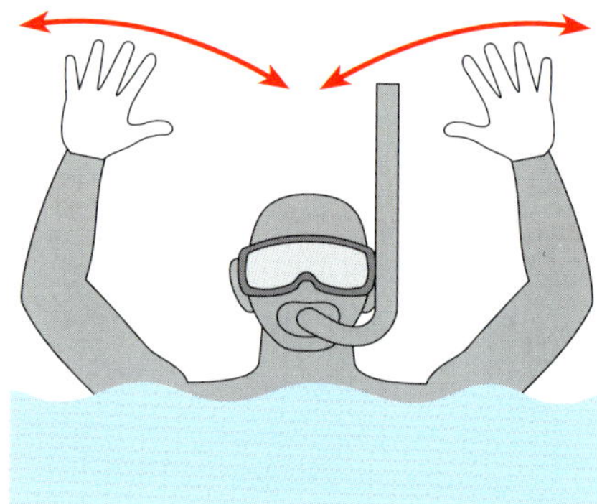

■ Hilfe / Gefahr

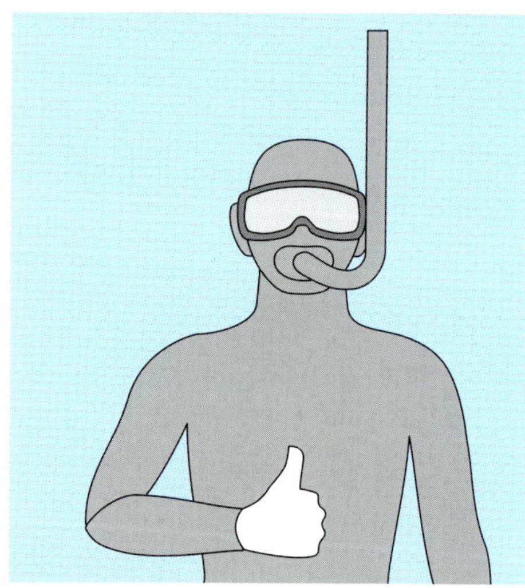

■ Auftauchen

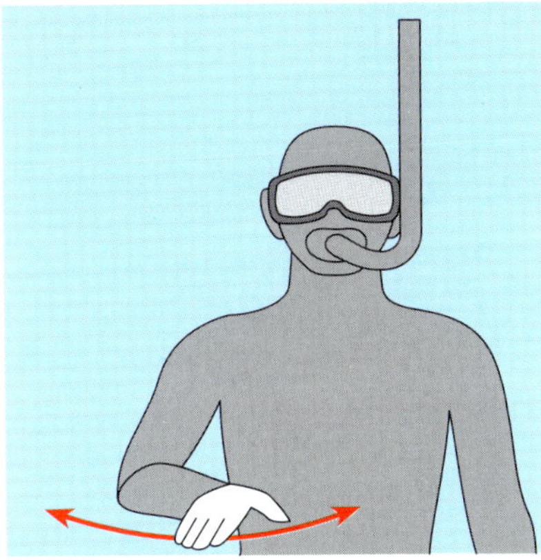

■ Wir bleiben auf dieser Tiefe

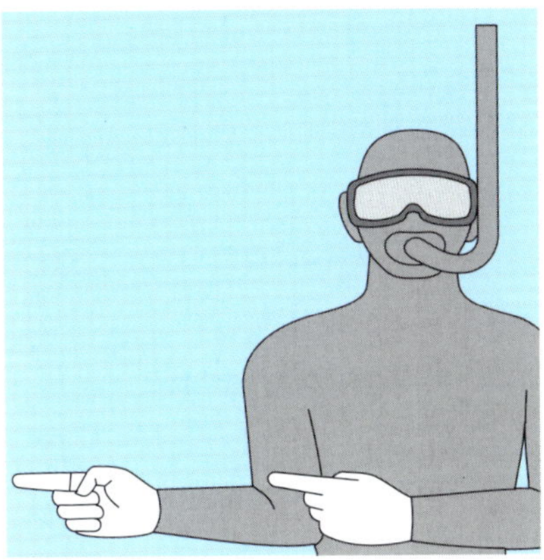

■ Du voraus, ich folge

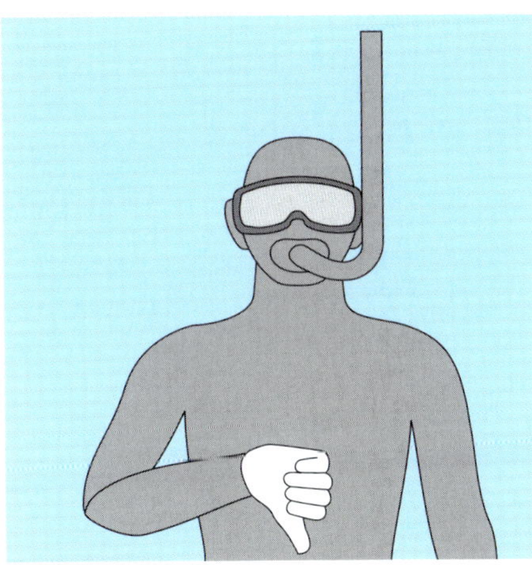

■ Abtauchen

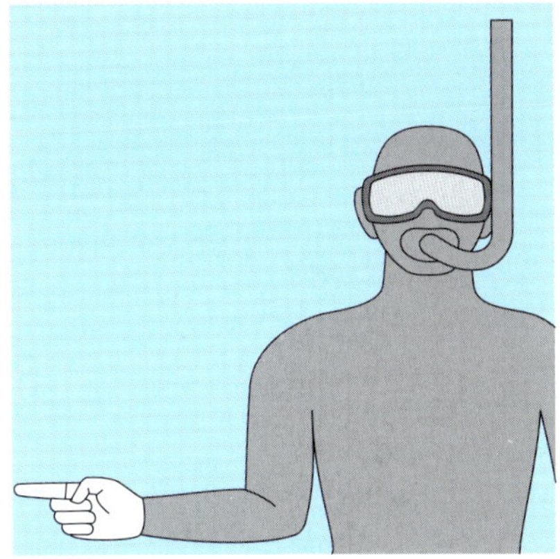

■ Da, sieh mal

Bei Nacht:

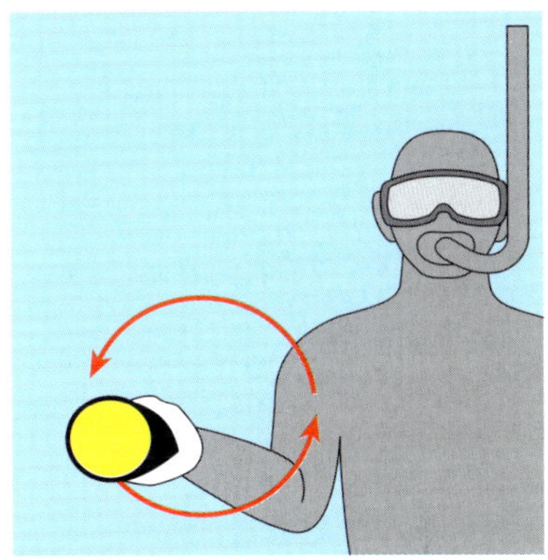

■ Alles okay? / Alles okay!

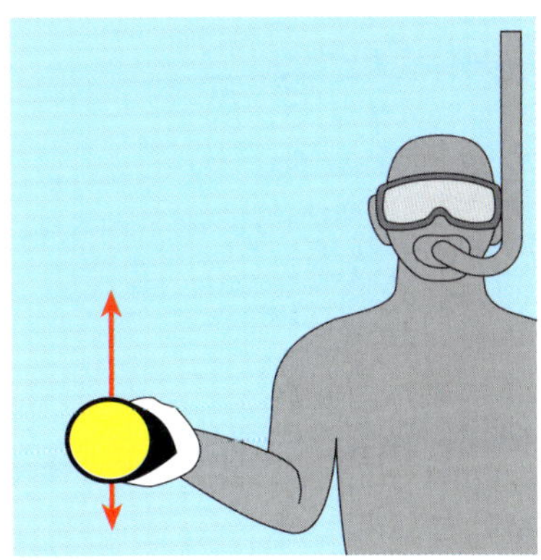

■ Hilfe / Gefahr

Kapitel 8

Kleine Gewässerkunde

■ Auch heimische Seen und Teiche haben für den Schnorchler sehr viel zu bieten. Unser Bild zeigt die Uferzone eines renaturierten Baggersees in Baden. Hier muss eine Kälteschutz getragen werden.

Kapitel 8: Kleine Gewässerkunde

Wer schnorchelt, der tut dies in den seltensten Fällen um des Schnorchelns selbst willen. Vielmehr ist man darauf bedacht, Unterwasserlandschaften zu bestaunen, Pflanzen und Tiere zu beobachten. Und dazu gibt es sowohl bei uns im heimischen Süßwasser als auch im Meer reichlich Gelegenheit.

Gewässer vor der Haustür

Lange Zeit fristeten unsere Seen, Teiche und Flüsse ein Schattendasein. Das Licht und die Sonne für sich gepachtet hatten Tauchers und Schnorchlers Traumziele wie Rotes Meer oder Malediven. Klar, dort kann man ganzjährig ohne Anzug ins Wasser, dafür bieten unsere Gewässer andere klare Vorteile: Sie liegen direkt vor der Haustür. Sie sind

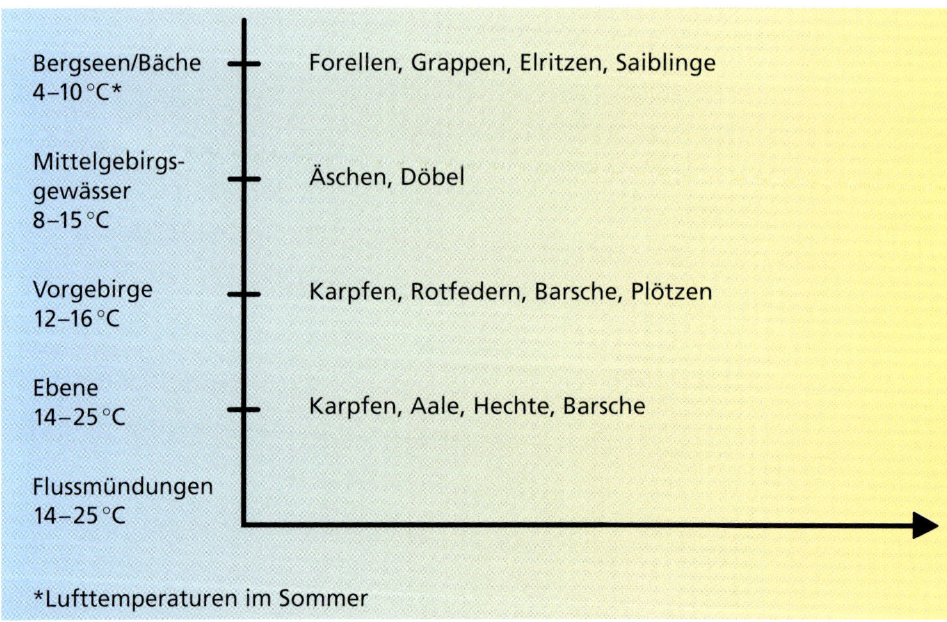

■ So verteilen sich, geordnet nach den Durchschnittstemeraturen, die Fische in heimischen Süßgewässern. Sicherlich sind die Grenzen fließend und individuell.

■ Gebirgsbäche, hier der Oberlauf der Verzasca (Tessin), sind sauerstoffreich aber nährstoffarm. Es dominieren Forellen und Bachsaiblinge.

■ Größere Bäche und kleinere Flüsse bilden ausladende Sand- und Kiesbänke aus. Im Flussbett hat das Wasser tiefe Gumpen ausgewaschen.

■ In den Altarmen der großen Ströme wie Rhein, Donau, Loire, Rhône und Elbe massiert sich das Leben. Meistens sind diese Gewässer geschützt.

– gibt es keine Verbote, staatliche oder private Gebote oder Naturschutzbestimmungen – frei zugänglich; und sie bieten eine Fülle von interessanten Lebewesen.

Zunächst unterscheiden wir stehende und fließende Gewässer; Erstere wieder in große Gewässer (wie Seen) und kleine Gewässer (wie Teiche). Fließende Gewässer unterteilt man in schnell fließende (wie Bäche) und langsam fließende (wie die großen Ströme). Jeder Lebensraum hat, sollte man meinen, seine eigenen Bewohner. Das stimmt jedoch nur bedingt. So leben beispielsweise in den großen Strömen nahezu die selben Bewohner, die wir auch in einem See treffen. Dort wiederum ist die Lebensgemeinschaft der Fische und Pflanzen im Uferbereich nahezu identisch mit dem Vorkommen an Fischen am Grunde eines Weihers.

Trotzdem kann man einige Gesetzmäßigkeiten wiedergeben, die einem Schnorchler helfen können, das Tier zu finden, das er endlich einmal beobachten will.

Schnorcheln in Quellbächen

Quellbäche sind meistens hoch gelegen und ziemlich kalt. Dementsprechend lebensarm

Die großen, langsam fließenden Ströme dieser Welt führen meistens viel Sand und Schlick mit sich. Fauna und Flora entsprechen der eines größeren Sees.

ist diese Art von Gewässer. Dazu kommt eine teilweise heftige Strömung. An Fischen herrschen hier die Forelle, der Saibling und Groppen vor. Oberläufe von Flüssen und Quellbäche bezeichnet der Gewässerkundler auch als »Forellenregion«.

Größere Bäche / kleinere Flüsse

Quellbäche fließen in talwärts gelegene größere Bäche (die auch schon kleine Flüsse sein können) ein. In Mitteleuropa sind diese gekennzeichnet durch niedrige Temperaturen und sauerstoffreiches Wasser. Gefälle und Strömung sind geringer, es haben sich im Flussverlauf ausladende Sand- und Kiesbänke ausgebildet. Dann wieder hat die Gewalt des Wassers tiefe Gumpen ausgewaschen.

In diesen Flüssen gibt es schon Wasserpflanzen. Meistens wachsen diese am Rand, selten in der reißenden Strömung. Es gibt den Wasserstern und die Wasserpest. Dazwischen schwimmen Forellen, Äschen, Groppen und Quappen. Gemäß den hier lebenden Äschen spricht der Biologe von der »Äschenregion«. In diese Regionen von

Flüssen steigen während der Laichzeit auch Lachse, große Meerforellen und die äußerst selten gewordenen Huchen. Mündet der Oberlauf des Flusses in den Mittellauf, so endet die nach dieser Lachswanderung benannte Region der Lachsfische (Äschen und Forellen zählen ebenfalls dazu).

Flüsse

Die Mittelläufe großer Bäche kann man getrost schon als Flüsse bezeichnen. Die Bodenbeschaffenheit besteht noch immer aus Sand und Kies, das Wasser fließt noch immer relativ schnell. Pflanzen gibt es deshalb noch immer nur am Rand oder im Strömungsschatten von Flussbiegungen. Doch die Fischpopulation hat sich geändert. Die Lachsartigen sind verschwunden. Jetzt dominieren Karpfenfische. Beispielsweise finden wir Barben, Brachsen, Rotaugen und Rotfedern, selbstverständlich auch verschiedene Arten des Karpfens selbst, es herrscht der Flusskarpfen vor.

Große Flüsse / Ströme

Schlammiges, trübes Wasser herrscht vor. Die Wassermassen aus dem Ober- und Mittellauf haben eine Menge Sand und Schlamm mit sich geführt, der nun hier abgelagert wird. Pflanzenwuchs gibt es jetzt auch bis in die Flussmitte hinein. Biologen nennen diese Region die »Brachsenregion«. Dabei kommt dieser Karpfenfisch jedoch nicht ausschließlich vor. Es gibt zusätzlich Hechte und Zander, Aale, Schleien, Karpfen und – Welse.

Brackwasser / Flussmündungen

Im Mündungsbereich von Flüssen und Strömen vermischt sich das Süßwasser mit dem Meerwasser. Hier hat nur eine Chance, wer sich gut anpassen kann. So können beispielsweise Barsche, die im Meer leben, sich gut an einen niedrigen Salzgehalt bis sogar Süßwasser gewöhnen. Ebenso manche Plattfische wie beispielsweise die Flunder oder die Scholle. Umgekehrt ist der Hecht ein Anpassungskünstler par excellence. Wir finden ihn nicht nur in Seen und Flüssen, sondern sogar bis weit ins Meer hinaus. Weitere typische Fische für diese Region sind der Stichling, Lachse und Aale, die sich hier ans jeweils andere Wasser akklimatisieren.

Dass sich Tiere, die in einem Milieu leben, unter Umständen an das jeweils andere mit Erfolg anpassen können, zeigte vor fast 40 Jahren ein Beluga-Wal. Von der Nordsee kommend, nahm er kurzerhand die Route rheinauf und kehrte erst um, als ihm im Ruhrgebiet das Wasser zu schmutzig wurde.

Teiche und Weiher

Teiche und Weiher zählen zu den stehenden Gewässern – zu den kleinen stehenden Gewässern. Sie sind selten tiefer als 20

■ Gebirgsseen bestechen meist durch ihr glasklares Wasser, bringen jedoch wenige Tier- und Pflanzenarten hervor. – Das Klima ist zu rauh (Bild rechte Seite).

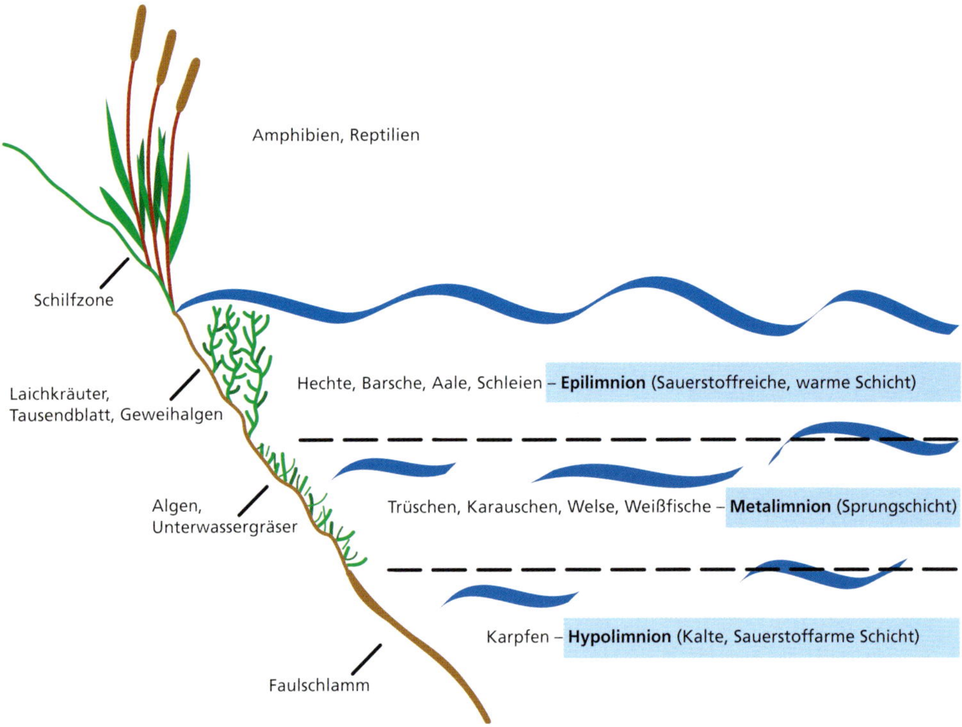

■ Typische Uferregion eines mitteleuropäischen Sees. Unmittelbar am Strand gedeiht ein Schilfgürtel mit vielen standorttreuen Fischen. Weiter unten wächst Laichkraut und Tausendblatt, dann Wiese. Tiefer: Das große Nichts mit zufälligen Entdeckungen im Freiwasser.

Meter, durch den oft dichten Bewuchs kommt es zu hohen Nährstoffkonzentrationen. Hier gedeihen gegen vielerlei negative Einflüsse resistente Fischarten: Karpfen, Barsche und Karauschen. Von diesem Gewässertyp stammt sicherlich das geflügelte Wort vom »Hecht im Karpfenteich«. Denn in besonders fetten Jahren vermehren sich die Friedfische. Doch das wiederum bewirkt, dass sich auch die Räuber über einen gedeckten Tisch freuen können – auch diese vermehren sich jetzt rasch. Das fröhliche Fressen der Hechte wiederum dezimiert die Karpfenbestände. Jetzt ist auch bei den vielen Räubern plötzlich wieder Notstand, viele sterben des Hungers oder werden schwächer, um dann selbst gefressen zu werden. So regulieren in der Natur Überschuss und Mangel ungesunde ökologische Schieflagen.

Seen

Zu den großen Binnengewässer gehören die Seen. Diese können, je nach Lage und geologischen Gegebenheiten, sehr tief werden. Der Bodensee beispielsweise erreicht Tiefen bis zu 170 Metern, der ähnlich große Plattensee hingegen ist ein flaches Gewässer, das bis weit hinein begehbar ist und einfach nicht tiefer werden will.

Was in Seen lebt, wird vorwiegend von zwei Faktoren bestimmt: die Höhenlage und die Beschaffenheit der Ufer- und Bodenregion. Hoch gelegene Seen weisen – wie schon die Bäche und Flüsse – Forellen, Saiblinge, Renken, am Boden Süßwasser-Krebse und Groppen auf. Tiefer gelegene Seen, das heißt, dass diese wärmer und auch nährstoffhaltiger sind, beherbergen Hechte und Zander, Aale, Welse, Karpfenfische (Karpfen, Brachsen, Güstern, Rotfedern und -augen). Bewachsen ist hier in der Regel nur die Uferregion bis hinunter auf acht bis 15 Metern. Darunter liegt Fels oder Schlamm.

Sonderfall: der Baggersee

Durch den enormen Bedarf an Kies – sei es für den Autobahnbau, sei es der Bedarf für andere Bauten – haben sich seit den 60er-Jahren die Baggerseen zu künstlichen Erholungsrefugien für gestresste Arbeitnehmer entwickelt, worunter sicherlich auch Schnorchler fallen. Anfangs, das heißt, wenn der Bagger seine Arbeit getan hat, werden die Baggerseen renaturiert. Pflanzen werden ans Ufer gesetzt, Rasen und Gras angesät. Unter Wasser ist es noch ziemlich ruhig, besser gesagt sogar tot. Doch bald tauchen, wie aus dem Nichts, Fische auf. Hechte, Karpfen, Schleien, Aale. Woher kommen diese Fische nur? Die Natur kennt den Begriff des so genannten Flugbesatzes durch Vögel. Wasserlebende Vögel wie Enten und Schwäne, Möwen, Reiher und Kormorane fressen Fische und/oder Fischlaich, auch die Samen von Wasserpflanzen. Bald entdecken diese Vögel auch den neusten Baggersee der Gegend und denken bei sich: Da schau ich doch glatt mal vorbei! Bei dieser Gelegenheit entdecken die Vögel auch, dass noch mächtig tote Hose herrscht, kein Fischschwanz zu entdecken ist.

Scheiß drauf! (entschuldigen Sie bitte den Ausdruck, doch wir werden sehen, dass er hier ausnahmsweise seine Berechtigung hat), wird sich dabei so manche Möwe denken und den Gedanken auch sofort in die Tat umsetzen. Damit hat sie, ohne es zu wissen, den Grundstein für eine oft intakte Seebevölkerung gelegt. Denn mit dem Vogelkot gelangen Fischlaich und Pflanzensamen in den neuen See.

Achtung, für alle Süßgewässer gilt: Am Ufer in der Schilf- und Seerosenzone sieht der Schnorchler am meisten. Hier kann er aber auch die meisten Umweltschäden anrichten. Behutsames Vorgehen ist wichtig.

Lebensräume im Mittelmeer

Es war unter Mittelmeerfahrern schon immer eine Glaubensfrage, ob man sich einen Strand in einer felsigen oder einer sandigen Gegend aussucht. Denn das Vorkommen der Tiere, die man schnorchelnderweise beobachten kann, hängt stark vom Lebensraum ab.

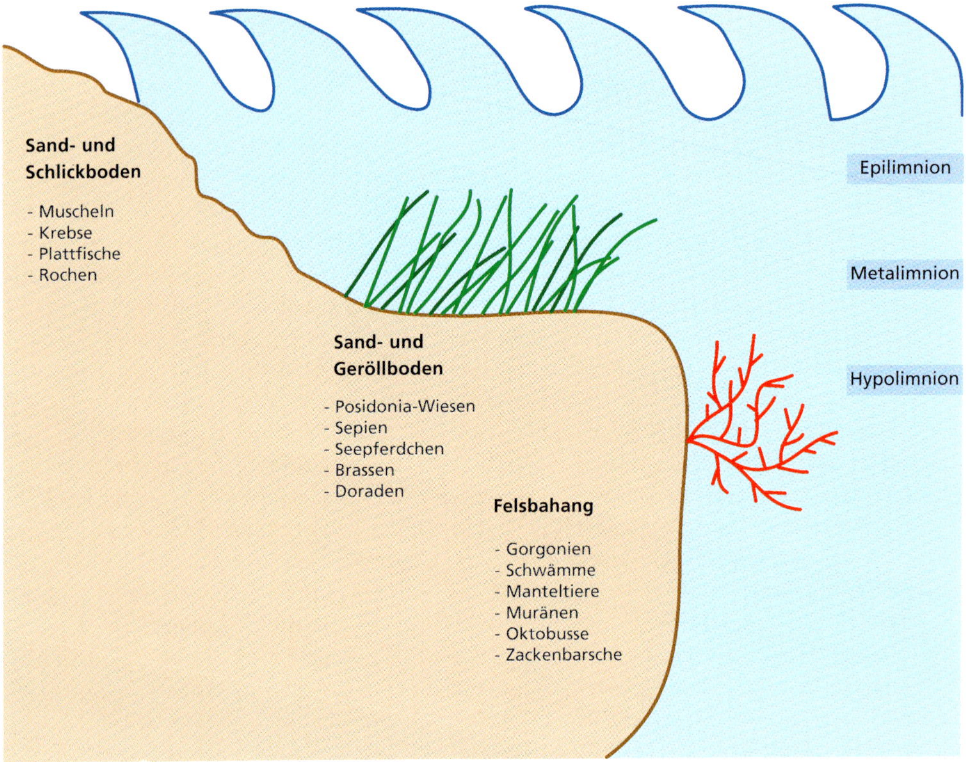

■ So könnte ein ideales Tauchrovier im Mittelmeer aussehen. Oben Sand, später Schlick, schließlich empfängt eine Felswand mit allerhand Bewohnern den Schnorchler.

Sandböden

Hier unterscheidet man Grob-, Mittel- und Feinsandböden. Welche Konsistenz auch immer: Unter Schnorchlern haben Sandböden einen schlechten Ruf, weil sie gemeinhin als langweilig gelten. Doch das ist, wie alles auf dieser Welt, relativ. Zunächst haben wir gute Chancen, im Milieu Sand diversen Rochen zu begegnen. Der Stachelrochen lebt hier, der Zitterrochen. Auch unterschiedliche Plattfische wie Schollen, Flundern, Seezungen und so weiter.

Auf Sand gedeihen auch die grünen Lungen des Mittelmeers, die Posidonia-Wiesen. Nur ein Quadratmeter dieser im Volksmund Neptungras genannten Pflanze produziert täglich 15 Liter Sauerstoff. Im Neptungras begegnen wir Seepferdchen, Tintenfischen (Sepia und Oktopus), Brassen, Doraden und Steckmuscheln.

Weichböden

Vom feinsandigen Boden hin zum Schlickboden ist es nur ein kleiner Schritt. Folgerichtig können wir im Schlick auch eine ähnliche Fauna beobachten wie im Sand: Es gibt Plattfische, Schnecken und Muscheln, dazu Röhrenwürmer (beispielsweise die prächtigen Schraubensabellen) und Manteltiere wie Seescheiden und Salpen.

Fels / Hartsubstrate

Felsenküsten sind die beliebtesten Reviere für Taucher und Schnorchler. Hier hat sich die weitaus spektakulärste Fish-Community ihr Zuhause gesucht. Es gibt Muränen, Tintenfische, Zackenbarsche, Conger.

Zu den leuchtendsten Beispielen submariner mediterraner Tierwelt gehören die auffälligen Gorgonien. Das ist eine Hornkorallenart, die in den Farben Weiß, Gelb, Rot und Purpur gedeiht. An manchen Stellen, beispielsweise an der Costa Brava gibt es auch gemischtfarbige Exemplare, so genannte Wechselgorgonien. Ein reiches Vorkommen an Schwämmen, darauf lebende Nacktkiemenschnecken, skurrile Schleimfische, Meerjunker, Chromis chromis (kleine Barschart) und unzählige Arten mehr wuseln um den Schnorchler her.

Meereshöhlen

Meereshöhlen sind immer nur in ihrem vorderen Teil von Pflanzen bewachsen, wo genügend Licht zur Fotosynthese (Umwandlung von Licht durch Chlorophyll in Sauerstoff) einfällt. In den hinteren Bereichen (in die bitte nur sehr gut trainierte Freitaucher eindringen!) trifft man Krustentiere wie Bärenkrebse, Langusten und Hummer. Auch Muränen und Meeraale haben sich hier ihre Schlupfwinkel gesucht.

Hochsee / Freiwasser

Es gibt natürlich auch Lebewesen, die sind nicht an ein Riff oder die Landnähe gebunden. Hochseebewohner (pelagisch lebende Arten) durchstreifen die Tiefen und Weiten der See. Auch diese Fische sieht man im Mittelmeer. Dazu gehören beispielsweise die Makrele, der Thunfisch, der Mondfisch, der Heringskönig (Petersfisch). Auch Haibegegnungen finden statt, was zwar selten ist, wenn jedoch, dann mit einer der spektakulären Arten wie dem Weißspitzen Hochseehai, dem Tigerhai, dem Makohai oder gar dem Großen Weißen Hai.

Traum eines jeden: tropische Riffe

Die winzigen Polypen der Koralle sind die fleißigsten, die großartigsten und die kreativsten Baumeister dieser Erde. Denn Korallenriffe gehören biologisch gesehen zum Vielfältigsten, was es gibt. Damit ein Riff entstehen kann, müssen viele Faktoren zusammenspielen – und zusammenpassen: biologische, morphologische, geologische und meteorologische. Vor allem aber braucht es viel Zeit, bis ein Riff entstanden ist. Die Atollinseln der Südsee beispielsweise sind über zwei Eiszeiten hinweg gewachsen.

Korallen finden wir weder weit im Norden noch im Süden dieser Welt. Genauer gesagt gedeihen sie nur zwischen dem Wen-

Schnorchlerin mit Hornkoralle am Malediven-Riff.

dekreis des Krebses im Norden und dem Wendekreis des Steinbocks im Süden des Äquators. Also in jenem Gebiet, das wir die Tropen nennen. In der Tat sind die Korallenpolypen sehr kälteempfindlich. Die Umgebungstemperatur darf nie unter 20°C sinken, jedoch auch nie über 28°C steigen. Sonst sterben die Polypen ab. Betrachten wir die Korallenbänke noch etwas näher. Es fällt auf, dass sie nie auf hoher See vorkommen, sondern immer nur in Landnähe, auf einem weit aufragenden Bergrücken oder um Inseln.

Der Grund dieser seltsamen Besiedelungsstrategie ist eine Symbiose. Korallen können ihre Bautätigkeit nur in Symbiose mit einer einzelligen Alge vollbringen. Da Algen keine Tiere sondern Pflanzen sind, brauchen sie zu ihrem Gedeihen Licht. Genügend Licht fällt jedoch nur in die oberen Regionen des Meeres ein. Auf hoher See wiederum fehlt es an einem Felsen, auf dem Korallen ihre Bautätigkeit entfalten können. Deshalb finden die kleinen Architekten in Landnähe und in flachem – das heißt maximal 50 Meter tiefem – Wasser die idealen Verhältnisse vor.

Betrachten wir uns einmal den südamerikanischen Kontinent bzw. dessen Ostküste. Wir werden mit Erstaunen sehen, dass es beispielsweise im Norden Brasiliens um Belem keinerlei Korallenwuchs gibt, obwohl diese Stadt nahezu auf dem Äquator liegt. Die Temperatur stimmt also, es muss etwas anderes sein, was die kleinen Polypen vom Bauen abhält. Es fällt auf, dass bei Belem der Amazonas in den Atlantik mündet. Der Amazonas aber bringt Schlamm und Nährstoffe ins Meer ein. Das Wasser wird trüb, die Alge, die die Koralle lebensnotwendig braucht, bekommt zu wenig Licht.

In diesem Zusammenhang: Ende der 90er-Jahre geisterte ein Schreckgespenst durch die Presse. Das Schreckgespenst hatte einen Namen – Coral Bleaching. Die Korallenbleiche läßt Korallen, die vorher in allen erdenklichen Farben geblüht haben, weiß werden. Dieses Phänomen wurde durch zu warmes Wasser hervorgerufen, Wasser, das der heiße, südamerikanische El Niño-Wind aufgeheizt hatte und das sich durch Meeresströmungen um den ganzen Äquator verbreitete. Steigt die Wassertemperatur aber dauerhaft über 28°C, so stirbt wiederum die Alge ab, die Korallen werden ausgebleicht.

Dieses Phänomen jedoch verschwindet schnell, nachdem El Niño sein Mütchen gekühlt hat und die Korallen finden in einigen Jahren zur alten Farbenpracht zurück. Nichtsdestotrotz fällt die Korallenbleiche immer zuerst den Schnorchlern auf. Denn sie tritt immer zuerst in den wärmsten Wasserschichten, das heißt an der Oberfläche, auf.

Riffregionen und Rifftypen

Die Welt der Korallen wird in zwei große Gebiete unterteilt: Die indopazifische Riffplatte und die atlantische Riffplatte. Diese sehr großen Riffregionen teilt man dann wiederum in so genannte Riffprovinzen. Im Atlantik die karibische Riffprovinz, die brasilianische Riffprovinz uns so weiter. Im Indopazifik sind es die südostasiatische Riffprovinz, die australische – und so fort.

Weiterhin unterscheidet die Wissenschaft vier Arten von Korallenriffen:

- Das Saumriff
- Das Barriereriff
- Das Atoll
- Das Plattformriff

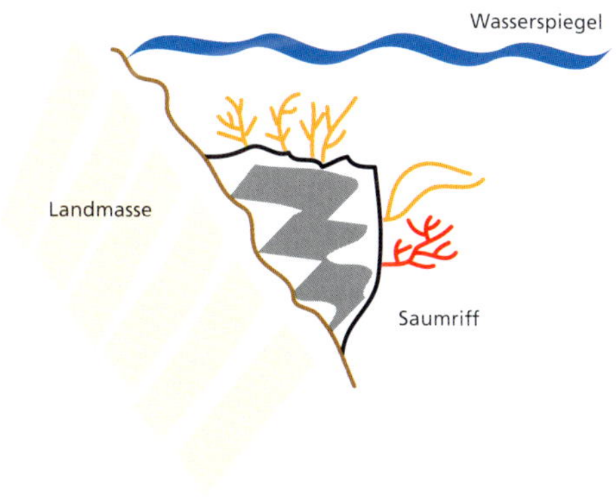

■ Saumriffe sind unmittelbar der Küste vorgelagert und wachsen in Richtung offenes Meer. Wird der hintere Riffteil abgetragen oder zerstört, entsteht zwischen Riff und Festland eine Lagune.

■ Voraussetzung für die Entstehung eines Barriereriffs sind tektonische Hebungen oder Senkungen des Meeresbodens. Barriereriffe entstehen in der Regel in einiger Entfernung von der Küste und erreichen im Gegensatz zu Saumriffen eine beachtliche Größe.

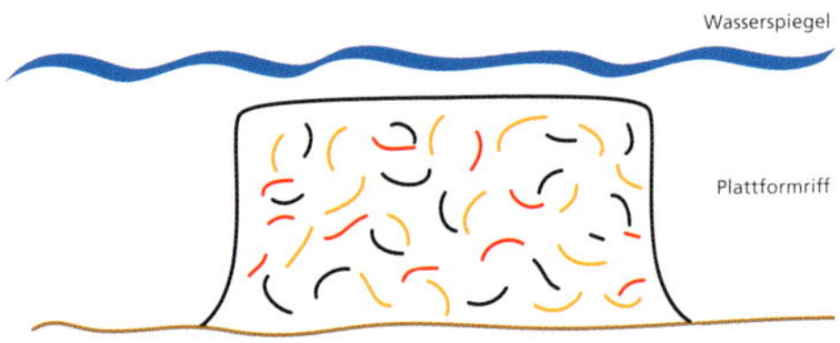

■ Plattformriffe können in alle Richtungen wachsen – sowohl in die Breite als in die Länge. Einzige Voraussetzung für das Wachstum ist, dass der Meeresgrund nicht zu tief liegt.

Saumriffe: Gürtel aus Korallen

Der Name Saumriff deutet schon den Charakter dieses weltweit wohl am häufigsten vorkommenden Riffs an. Es säumt eine Landmasse gegen das Meer ab. Wie aber entsteht ein Saumriff? Korallenpolypen werden nach ihrer Befruchtung ins offene Wasser abgestoßen und schweben, je nach Korallenart, mehrere Tage bis Wochen als Larven durch den Ozean. Doch dann plötzlich treffen sie auf einen Felsen, einen riesigen Steinquader oder sonst etwas Hartes. Hier kletten sie sich fest. Kommt in diesem Gebiet die notwendige Alge vor, so steht der Bildung eines Saumriffs nichts im Weg. Die kleinen Baumeister wuchern jetzt nach allen Seiten aus, bald umsäumen sie eine Insel, eine Landzunge, einen Küstenstreifen. Idealerweise beginnt dieses Wachstum in fünf bis zehn Metern Tiefe. Zunächst entsteht ein schmaler Riffsaum, von dem aus die Korallen sich langsam in die Tiefe, vor allem aber in die Breite, waagrecht zur Wasseroberfläche, ausbreiten.

Oft wird später, wenn das Saumriff längst fertig ist, der hintere, das heißt dem Land am

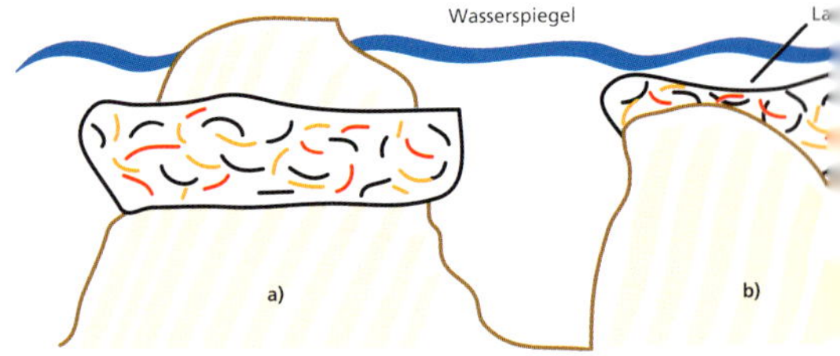

■ Entstehung eines Atolls um einen absinkenden Vulkankegel im Meer: Ein Vulkan oder ein Berg, der über die Wasseroberfläche ragt, ist von einem Saumriff umgeben. Der zentrale Kegel sinkt ab, parallel dazu wächst das Saumriff und erhöht ständig sein Niveau. Da die Saumriffe einen Wachstumsvorsprung gegenüber dem zentralen Teil haben, bildet sich im Inneren des Riffkranzes ein wassergefüllter Krater, die Lagune, aus.

nächsten liegende Riffteil zerstört. Manchmal durch Stürme, manchmal durch andere Umwelteinflüsse. Es entsteht eine kleine Lagune, was besonders die Badegäste und Touristen freut. Auch Schnorchler, die nicht so geübt sind, kommen hier voll auf ihre Kosten. Sie können in der warmen, strömungsfreien Lagune tauchen und trotzdem an der Innenseite des Riffs die tollsten Beobachtungen machen.

Barriereriffe: Schutz vor den Naturgewalten

Eng mit dem Saumriff verwandt ist das Barriereriff. Oft sind sich die Riffforscher nicht darüber im Klaren, ob es sich um ein Saumriff oder ein Barriereriff handelt. Entscheidend ist die Entstehungsgeschichte. Wie ein Saumriff entsteht, haben wir gerade erfahren. Nämlich, dass es an einer Küste zu wachsen beginnt und dann immer weiter in die Breite, das heißt Richtung See, wächst. Angenommen, der hintere Riffteil würde durch Stürme ständig zerschlagen, sodass die Lagune immer breiter würde, das Riff in seinem Wachstum jedoch immer weiter der offenen See zustrebt. Nach einigen Jahren wäre das Saumriff so weit vom Land weg, dass es wie eine Barriere, ein Wall vor der Küste stünde. Dieses Gebilde sieht jetzt zwar aus wie ein Barriereriff, ist aber keines.

Ein Barriereriff steht vom Anfang seines Entstehens an am selben Ort. Vielleicht hatte sich eine Korallenkolonie auf einem der Küste vorgelagerten Felsband niedergelassen. Durch tektonische Kräfte senkte sich dieses Felsband langsam ab. Die Korallen aber wuchsen, immer Richtung Licht, weiter. Das aber dauert Jahrhunderte. Ein Saumriff entsteht jedoch innerhalb weniger Jahrzehnte. Ein weiterer Unterschied sind die Dimensionen. Während ein Saumriff maximal wenige Kilometer Ausdehnung erreichen kann, bringt es ein ausgewachsenes Saumriff auf gewaltige Ausmaße. Der Begriff Barriereriff ist übrigens deshalb entstanden, weil Barriereriffe wichtige Schutzfunktionen wahrnehmen. Sie bewahren die Küste vor den Gewalten der See wie Springfluten, Hochwasser und so weiter.

Plattformriffe: Riffe auf offener See

Plattformriffe wachsen nach allen Seiten. Nach oben, zur Seite, nach vorne. Das unterscheidet sie von den beiden bisher beschriebenen Rifftypen, diese wachsen nur seewärts, alles, was hinter ihnen liegt, stirbt ab. Das Plattformriff ist nicht landgebunden. Es muss nur einen Untergrund finden, der nahe genug an der Wasseroberfläche liegt. Es bildet, dank seiner Fähigkeit, in alle Richtungen zu wachsen, eine ovale Form aus. Es kann mehrere Kilometer Länge und Breite erreichen. Riffdach und Riffkanten zeichnen sich durch üppig gedeihendes Leben aus.

Atolle: Südseeromantik pur

Das Atoll ist der wohl komplexeste Rifftypus, der Wissenschaftlern immer wieder Stoff für Streit um die Entstehungsgeschichte der Atolle gibt. Viele große Geister haben sich mit Atolltheorien befasst. Zum einen natürlich Darwin, später Daly und Penk, dann Hans Hass. Wir wollen Sie hier nicht mit Feinheiten langweilen. Ganz grob, ganz ungenau: Der Hauptnenner aller Theorien ist ein über die Wasseroberfläche ragender Berg, der von einem Saumriff umgeben ist. Im Zuge irgendwelcher Veränderungen sinkt dieser Berg in sich zusammen (beispielsweise ein in sich zusammensinkender Vulkan), das Saumriff jedoch bleibt stehen und bildet einen Kranz aus, in dessen Inneren sich jetzt eine geschlossene Lagune befindet.

Tatsache ist, dass sich die Atolle, die es auf unserer Erde gibt, entfernt vom Land entwickelt haben. Denken wir doch nur an die Malediven, die einsam inmitten des Indischen Ozeans stehen. Wie, um den Expertenstreit noch einmal aufzugreifen, Atolle wirklich entstanden sind, wird sich wohl nie ganz klären lassen, da die Entstehungszeiträume für fundierte Theorien notwendige Beobachtungen einfach zu lang sind.

Kapitel 9

Was schwimmt denn da?

■ In den Florida Springs begegnen einem Schnorchler diese zutraulichen und gutmütigen Gesellen: Seekühe, auch als Manatees bekannt.

Kapitel 9: Was schwimmt denn da? Kleiner Biologieführer für Taucher und Schnorchler

Wäre es nicht interessant zu wissen, warum das östliche Mittelmeer artenärmer ist, als das westliche? Oder die Karibik beispielsweise als der Indopazifik? Warum es um Zypern und die türkische Küste keine Gorgonien gibt, wohl aber an der Costa Brava?

Die Antwort dieser Fragen liegt einige Millionen Jahre zurück. In jener Zeit, als unsere Erde sich quasi im Flegelalter befand und die Natur allerhand Flausen im Kopf hatte. Es war die gerade endende Zeit der Dinosaurier, als sich Koralle, Muräne, Zacki und Co. ausbildeten. Riffbewohner wie Haie, Schwämme und Stachelhäuter (Seestern, Seeigel) gehörten damals schon zum Establishment oder sogar zum ganz alten Adel: Sie existieren schon seit über 500 Millionen Jahren. Natürlich hat sich auch das Erscheinungsbild der Erde seither gewandelt. Die Kontinente sind auseinander gedriftet, Eiszeiten haben die Topografie und die Klimaverhältnisse verändert. Und damit sind auch die verschiedenen Lebewesen in verschiedene Weltgegenden verschlagen worden.

Dieses erdgeschichtliche Phänomen erklärt auch, warum die Artenvielfalt an den Küsten der Kontinente dichter ist, als beispielsweise in abgelegenen Inselgebieten.

Ein Phänomen ist auch die Entstehung endemisch vorkommender Arten. Das heißt, dass diese Art nur hier und sonst nirgends anders vorkommt. Um es klarzustellen: Endemismus hat nichts damit zu tun, dass es um Zypern Drückerfische gibt. Diese sind aus dem Roten Meer eingewandert und es ist zu erwarten, dass er sich von dort aus auch auf das übrige Mittelmeer ausbreiten wird.

Von Generalisten und Spezialisten

Klar ist: Eine Küstenlandschaft ist auch unter Wasser derart mit Leben gefüllt, dass sich, fast wie in einer Großstadt, die Bewohner ständig auf die Nerven gehen. Besser gesagt: gehen würden. Denn die Natur hat es so eingerichtet, dass sich der Zacki nicht um den Oktopus kümmert und der Meerjunker nicht um die Seegurke. Es sei denn, man will einander an die Gurgel, um einen schmackhaften Happen fürs Abendbrot zu ergattern. Aber auch hier gibt es feine Abstufungen und Unterschiede. Damit in einem Riff nicht alle über alle herfallen, gibt es Unterschiede in der Größe. Die Großen fressen die Kleinen, diese die ganz Kleinen. Oder man ist Friedfisch, dann lebt man vegetarisch. Durch die einerseits sehr üppig vorhandenen, andererseits sehr knappen Nahrungsreserven (jeder will den Schriftbarsch fressen, den gibt's aber nur zweimal),

■ Der Flachwasserbereich eines Süßwassersees ist durch üppiges Pflanzenwachstum, hier Laichkraut und Tausendblatt, gekennzeichnet.

haben sich regelrechte Nahrungsspezialisten herausgebildet. Einer dieser Spezialisten ist beispielsweise die Nacktschnecke.

Sie frißt ausschließlich Schwämme. Andere wiederum fressen alles, zum Beispiel der Hai. Selbst Blechkanister und Lederschuhe sind schon in seinem Innern gefunden worden. Aber auf diese Art und Weise kommen alle – oder die meisten – Riffbewohner miteinander aus.

Viele Arten, ein System

Trotz des Gewimmels in einem Riff und der Verschiedenartigkeit der Bewohner, sind alle irgendwie miteinander verwandt. Die meisten jedenfalls. Also beispielsweise der Zacki mit dem Meerraben. Die sind schon enger verwandt (beide gehören der Ordnung »Barschartige« an) als beispielsweise der Hai mit dem Rochen, denn diese sind beide lediglich der

Das Leben in heimischen Seen und Flüssen

Klasse der Knorpelfische zuzuordnen. Ordnung ist aber spezieller als Klasse, folglich ist die Verwandtschaft enger. Diese biologische Systematik ist folgendermaßen aufgebaut:

Der Stamm,
dem alle Fische angehören, sind Chordaten, Chordatiere. Das heißt, alle haben einen Hauptnervenstrang oder einen Achsenstab als Vorstufe zur Wirbelsäule.

Unterstamm
Das Tier, das eine richtig ausgebildete Wirbelsäule hat, ist ein Vertebrat, ein Wirbeltier. Bis hierher ist der Mensch beispielsweise noch durchaus dem Hai verwandt.

Überklasse
Erst auf dieser Stufe entscheidet es sich, was das Wirbeltier wird. Fisch oder Säugetier, Reptil oder Vogel.

Klasse
Bestimmt die Klasse, der ein Fisch angehört. Das kann ein Knorpelfisch sein (ein Fisch, dessen Skelett aus Knorpel besteht, also Hai oder Rochen etc.) oder ein Knochenfisch, ein Fisch, dessen Skelett knochenähnliche Substanz aufweist. Dazu gehören zum Beispiel Barsche, Brassen, Barben etc.

Ordnung
Die Ordnung trennt die Fische quasi in ihre »Clans« auf. Also in Lippfische, Barschartige, Salmonidae usw.

■ Sonnenbarsche sind die wohl am auffälligsten gefärbten Fische unserer Seen und Flüsse.

■ Wenn Kröten Liebe machen, dann ist dies für das Weibchen eine lebensgefährliche Sache. Amphibien sind Lungenatmer, sie müssen zum Luftholen auftauchen. Manchmal klammern sich an einem Weibchen so viele Männchen fest, dass dieses nicht mehr an die Oberfläche gelangen kann.

■ Molche sind vorwiegend in Teichen und Weihern anzutreffen. Die scheuen Tiere lieben eher trübes Wasser.

■ Forellen trifft man in sauerstoffreichem, klarem und kaltem Wasser an, meistens halten sie sich in den Oberläufen von Flüssen und Bächen auf.

■ Bis zu 25 Zentimeter lang werden Rotaugen. Sie treten gerne in kleinen Gruppen (Schulen) auf.

■ Trübes Wasser mit schlammigem Untergrund sind die Bedingungen, die der Karpfen an seine Umwelt stellt. Im Schlamm sucht er nach kleinen Krebsen, Schnecken und Larven.

■ Der Hecht im Karpfenteich: Der gefräßige Räuber holt sich aber nicht nur den Karpfen, sondern auch Kröten und Frösche, Weißfische, kleine Artgenossen – und junge Wasservögel von der Oberfläche.

■ Aale gehören zu den geheimnisvollen Bewohnern unserer Seen. Sie können das Wasser sogar verlassen und über nasses Gras zum nächsten Fluss schlängeln. Von dort aus reisen sie dann ins Meer, wo sie irgendwo ablaichen, vermutlich in der Sargassosee, im westlichen Nordatlantik – aber so genau weiß man das nicht, alles ist Spekulation.

Familie

Erst auf dieser Stufe entscheidet sich die Natur, ob sie aus einem Barschartigen einen Zackenbarsch oder einen Riffbarsch, einen Kaiserfisch oder einen Fahnenbarsch machen will.

Art

Die Familien schließlich bilden auf dieser letzten Stufe der Entwicklung die vielfältigste Stufe der Hierarchie, die verschiedenen Arten, aus. Am Beispiel der Muränen also die Tatsache, ob es eine Netzmuräne, eine Gelbe Muräne, ein Schlangenaal oder eine Große Grüne Muräne usw. wird.

Sie sehen: Zuerst – in den oberen Rängen der Pyramide – hängt alles irgendwie zusammen. Da sind es nur gemeinsame, einfache Merkmale, die eine Verwandtschaft begründen, beispielsweise, ob ein Tier einen Wirbel hat oder nicht. Später werden daraus einfach »Fische«. Je tiefer man in der Systematik kommt, um so spezieller werden die Unterschiede, um so ähnlicher werden sich aber gleichzeitig die Lebewesen. Erst die Stufe der Familie schließlich zeigt uns, was aus einem Fisch tatsächlich geworden ist. Und die Art schließlich zeigt uns eine ganze Reihe ähnlichster Fische, die sich jedoch in einer Reihe von Details unterscheiden. Nachfolgend stellen wir Ihnen einige Lebewesen vor, die Sie auf Ihren Schnorcheltouren zwischen Süßwasser und Tropen mit einiger Sicherheit sehen werden.

Das Leben im Mittelmeer

■ Muränen sehen gefährlich aus, sind jedoch harmlos, wenn man ihnen nicht gerade in den Rachen greift. Schnorchler sollten Löcher und Spalten nach ihnen absuchen, wo sie sich tagsüber gerne verstecken. Muränen sind nachtaktiv und jagen alles, was sich bewegt.

■ Diese Gesellen spürt man, bevor man sie sieht. Seeigel (hier ein Diademseeigel) können ganz unangenehme Tauchpartner sein.

Seltenes Glück hat, wer einen kapitalen Zackenbarsch erspäht. Die Tiere sind räuberische Fresser, für den Menschen jedoch völlig ungefährlich.

Dieser prächtig gefärbte Fisch nennt sich Pfauenlippfisch. Er liebt felsigen Untergrund, fühlt sich aber auch passabel auf Sand und Geröll.

■ Brassen trifft der Schnorchler oft über Seegraswiesen an und immer im Schwarm. Sie können bis zu 30 Zentimeter lang werden und weiden die Seegrasblätter nach Algen und anderer pflanzlicher Nahrung ab.

■ Einsiedlerkrebse leben zusammen mit Anemonen in Symbiose. Die ansonsten festgewachsene Anemone kommt so in der Gegend rum, was ihr Nahrungsangebot ungemein erweitert. Der Krebs profitiert vom Schutz ihrer nesselnden Tentakeln.

Wer diese Szenerie sehen will, muss mindestens 15 Meter tief tauchen können. Hier beginnen im Mittelmeer die prächtig mit Gorgonien bewachsenen felsigen Steilhänge.

Entdeckung im Nahbereich. Seepferdchen werden manchmal nur so groß wie eine Fingerkuppe, wer ein zehn Zentimeter großes Tier sieht, hat ein Prachtexemplar erwischt.

Wer diesen Fisch nicht gesehen hat, der war nicht im Mittelmeer. Denn der Meerjunker ist der wohl typischste Bewohner dieses Refugiums.

Hummer sind die gepanzerten Ritter der See. Sie lieben kühles Wasser und verstecken sich tagsüber in Löchern. Nachts gehen sie auf Beutezug aus, wobei sie auch schwächere Artgenossen jagen.

Plattfische, hier eine Seezunge, lieben sandigen Untergrund, wo sie sich gegen Fressfeinde eingraben.

■ Drachenköpfe gehören zur Familie der Skorpionsfische und verfügen über einen giftigen Rückenstachel, der zwar keine lebensgefährlichen, jedoch äußerst schmerzhafte und unangenehme Verletzungen zufügen kann. Man unterscheidet drei Arten, hier sehen wir den Roten Drachenkopf.

■ Ein Ensemble wie im Blumenladen: Krustenanemonen wachsen zwischen Schwämmen. Beide Arten aber sind keineswegs Pflanzen – sie gehören zum Reich der Tiere.

Geballtes Leben am Tropenriff

■ Auch beim Schnorcheln im Flachwasser kann einem dieser kapitale Bursche begegnen, der Manta. Er ist harmlos, ernährt sich von Plankton.

■ Spannung pur bietet eine Begegnung mit einem Hai. Unser Bild zeigt einen Grauen Riffhai. Angst ist fehl am Platz, der Hai wird nicht angreifen. Respekt und Zurückhaltung sind aber geboten.

■ Das ist süß: Etwas weiter draußen zieht eine Delfinherde vorbei. Wer sich ruhig ins Wasser legt und interessante Geräusche von sich gibt, wird vielleicht näher mit diesen sympathischen Säugetieren in Kontakt kommen.

■ Kaiserfische gehören zu den prächtig gefärbten Rifffischen der Tropen. Sie werden bis zu 30 Zentimeter lang und sind in ihrer Jugend anders gefärbt, als im Alter (hier ein ausgewachsenes Tier).

Der ängstliche Geselle hier hat sich in den Schutz der nesselnden Seeanemonen zurückgezogen. Diese können ihm selbst nichts anhaben, seine Haut ist gegen das Nesselgift immun.

Napoleonfische werden bis zu eineinhalb Meter lang und können einem ganz schön auf die Nerven fallen. Denn die zutraulichen Fische kommen oft, um zu betteln.

Vor allem im Roten Meer gedeihen Weichkorallen ganz hervorragend. Schnorchler sehen diese, ebenfalls zu den Tieren zählende Art schon im Flachwasser.

Frechheit siegt: Diese Unechte Karettschildkröte kommt, um den Schnorchler zu begutachten. Schildkröten sind Lungenatmer, können aber bis zu 50 Meter tief und 50 Minuten lang tauchen.

Kapitel 10

Aktionen rund ums Schnorcheln

■ Archäologische Funde sind nur zum anschauen da – entfernen vom Fundort ist strikt verboten und wird in vielen Ländern schwer bestraft.

Kapitel 10: Aktionen rund ums Schnorcheln

Wer nicht einfach nur schnorcheln will, der hat die Möglichkeit, sich ein Hobby im Hobby zuzulegen. Beispielsweise bietet es sich an, die Unterwasserwelt auf Zelluloid zu bannen, seinen Kindern das Schnorcheln beizubringen, Tieftauchen zu üben oder sich eine Sammlung beobachteter Fische zuzulegen, ähnlich des Birdwatching der spleenigen Engländer. Eine Sache aber ist verpönt: Das Sammeln von Souvenirs. Und eine Sache ist verboten: Harpunieren.

Filmen und Fotografieren

Für Anfänger gibt es im Fotobereich sehr günstige Einsteigerkameras. Für wenige Hundert Euro erhält der Neu-Fotograf eine einfache Kamera in einem Plastikgehäuse, dazu ein externes Blitzgerät. Es gibt sogar wasserdichte Einwegkameras, die die submarine Welt einfangen können. Diese wollen wir hier nicht näher beschreiben, denn

Einfache Kameras für Schnorchler gibt es im Fachhandel bereits für wenig Geld.

sie haben zwei entscheidende Nachteile: Sie sind nicht umweltfreundlich und sie liefern mehr als magere Qualität.

Einige Tipps zur Fotografie: Entscheiden Sie sich beim Kauf für eine Kamera, die ausbaufähig ist. Ausbaufähig heißt, dass sie auf jeden Fall die Möglichkeit haben sollte, einen externen Blitz anzuschließen. Eingebaute Blitzgeräte taugen nicht zur Unterwasserfotografie. Das meistens eingebaute 35-mm-Objektiv ist ein gutes, um Fischportraits zu schießen. Wer aber ganze Korallenlandschaften und Unterwasserszenerien aufnehmen will, braucht ein Weitwinkelobjektiv. Dieses kann, auch bei Kameras im Niedrigpreissektor, zusätzlich mitbestellt werden und kann unter Wasser aufgesetzt oder entfernt werden. Wer Kleinlebewesen wie Würmer, Nacktschnecken oder Krebse fotografieren will, der legt sich auch gleich noch einen Makrovorsatz zu.

Empfohlene Fabrikate

Reefmaster RC, eine Kamera, die selbst Profis überzeugt. Vorsatzlinsen und externer Blitz lieferbar. Preis für ein Set bestehend aus Kamera, Makrovorsatz und externem Blitz rund 770 Euro.

Bezugsadresse: Seemann Sub,
Telefon (0049) 09129/90 99 50.

Aquatica Minisport, genügt Anfängern wie Fortgeschrittenen. Im Lieferumfang enthalten ist die Kamera mit dem externen Blitzgerät. Gegen geringen Aufpreis lieferbar ist eine Nahlinse bis 50 cm Entfernung. Preis 460 Euro.

Bezugsadresse: Marlin Tauchservice,
Telefon (0049) 07243/690 16.

Epoque, ebenfalls ein Kameraset mit extern arbeitendem Blitz. Der Gesamtpreis fürs Set beträgt 390 Euro. Optional sind Nahlinsen erhältlich.

Bezugsquelle: Prosub,
Telefon (0049) 0811/14 13.

Motomarine MX10 – der Klassiker unter den Einsteigerkameras. Die kleine Schwester (MX5) hat leider nicht die Möglichkeit, wie die MX10 einen externen Blitz anzuschließen. Diverse Vorsatzlinsen, vom Weitwinkelobjektiv bis zum Makrosatz, sind lieferbar.

Bezugsadresse: Aqualung GmbH,
Zollstr. 5, 78239 Rielasingen,
Telefon (0049) 07731/93 45-0.

Divers do it deeper

Dieser, vor etwa 20 Jahren als Autoaufkleber sehr populäre Spruch gilt vor allem für die Extremsportler unter den Schnorchlern: Die Apnoeisten. Das Apnoetauchen wurde Ende der 70er-Jahre durch die Protagonisten Jacques Majol und Enzo Majorca bekannt gemacht. Entgegen der medizinischen Lehrmeinung, die Grenze des Freitauchens liege bei 30 bis 40 Metern, wagten diese allerdings hervorragend trainierten Männer Abstiege an die 100-Meter-Grenze und darüber. Heute konkurrieren eine Vielzahl von Sportlern miteinander – in verschiedenen Kategorien:

Zeittauchen

Der Sportler legt sich entspannt ins Wasser und taucht seinen Kopf so lange wie möglich unter. Wer das am längsten schafft, hat gewonnen. Der derzeitige (Januar/2002) Weltrekord beträgt acht Minuten und sechs Sekunden.

■ Schnorcheln als Extremsportart: Diese Taucher steigen auf 100 Meter Tiefe und mehr ab – ohne Atemgerät.

Streckentauchen ohne Flossen

Ein genormtes, vermessenes Becken dient als Bühne. Der Sportler holt Luft und taucht ab. Er versucht, so weit wie möglich zu tauchen, ohne Luft zu holen. Derzeitiger Weltrekord: 134 Meter.

Streckentauchen mit Flossen

Die Voraussetzungen sind die gleichen, wie ohne Flossen. Der Weltrekord liegt bei 181 Metern.

Tauchen mit konstantem Gewicht

In die Tiefe (von einem Schiff oder einer Plattform aus) ist ein Seil gespannt. Der Sportler taucht daran ab, darf jedoch das Seil nicht berühren. Auch beim Auftauchen darf er das Seil nicht als Hilfe benutzen. Der derzeitige Weltrekord liegt bei 86 Metern.

Tauchen mit variablem Gewicht

Der Schnorchler lässt sich an einem straff gespannten Seil in die Tiefe ziehen. Beim

Auftauchen darf er das Seil als Hilfe benutzen. Rekord: 117 Meter.

No Limit

Abstiegshilfe ist wieder der Schlitten, unten angekommen darf sich der Sportler durch einen luftgefüllten Ballon hochtreiben lassen. Tiefenrekord in dieser Disziplin sind 156 Meter.

Die gute Adresse

Wer sich solch extremen Abstiegen verschreiben will, der darf dies nicht ohne entsprechendes Training tun. Auskünfte um alle Belange des Apnoe-Sports liefert die Association International pour le Développement de l'Apnée (A.I.D.A.).

Die A.I.D.A., Sektion Deutschland, finden Sie in der Sansibarstr. 21, 13351 Berlin, Telefon 030/45 97 29 24. Ansprechpartner sind die Herren Vogel und Werner.

Sektion Schweiz: A.I.D.A., Postfach 85, 1000 Lausanne, Telefon 079/451 57 69. Ansprechpartner ist Sébastien Nagel.

Sektion Österreich: A.I.D.A., Alfons-Petzold-Gasse 38, 2300 Brünn. Ansprechpartner ist Herr Dieter Baumann.

Schnorcheln mit Kindern

Kinder sind sehr leicht für Freizeitaktivitäten zu begeistern. Besonders Jungs sind einem gepflegten Abenteuer nie abgeneigt. Was liegt näher, als sie zu ausgedehnten

■ Wer mit Kindern schnorchelt, muss einige veränderte Verhaltensregeln beachten. Beispielsweise kühlen Kinder schneller aus als Erwachsene.

Ausflügen in die Unterwasserwelt mitzunehmen. Nur: Einige Dinge sollten unbedingt beachtet werden.

Die Ausrüstung

Ausrüstungsgegenstände müssen vor allem eines sein: kindgerecht! Trotz möglicher Proteste des Kindes geht im Falle Schnorcheln zweckmäßig vor modisch. Der Handel bietet mittlerweile diverse Tauchartikel auch in Kindergröße an, beispielsweise Flossen, Masken, Mundstücke, Tauchanzüge. Die alte Regel, wonach man Kleidung für das Kind etwas größer nimmt, damit es im kommenden Jahr noch passt, ist vor allem beim Tauchanzug nicht ratsam. Tauchanzüge wärmen durch ihre strenge Passform. Und das geht so: Wasser läuft als dünnster Film zwischen Haut und Anzug und erwärmt sich. Ist der Anzug zu groß, zirkuliert das Wasser schnell wieder weg, der Körper muss neu eingeflossenes Wasser wiederum erwärmen. Ein Energieverlust ohnegleichen setzt ein.

Vorbereitung

Kinder sollten alle Übungen, die auch Erwachsene machen, selbst durchführen können. Dazu gehören auch so schwierige Dinge wie das Ausblasen einer voll gelaufenen Maske unter Wasser. Aber keine Angst: Kinder verhalten sich in solchen Dingen meistens geschickter und lernfähiger als Erwachsene. Wichtig ist, dass die Übungen im Pool vorher so lange geprobt werden, bis sie sitzen. Ein besonderes Augenmerk gilt hier dem Druckausgleich. Später werden die Tests im einfachen Freiwasser (Ufernähe, Flachwasser, gute Sicht) einfach noch einmal durchgegangen – und dann steht einem fröhlichen Ausflug in Neptuns Reich eigentlich nichts mehr entgegen.

Im Wasser

Zu Kindern hält man im Wasser immer engen Körperkontakt. Auch wenn das Kleine rasch ausgefuchster als der Erwachsene ist, so kann es doch sein, dass der schmale Körper durch Wellen verdeckt wird und man sich verliert. Hilfreich kann es auch sein, dem Kind ein Schwimmbrett mitzugeben, an das es sich klammern kann oder auf das es sich, wenn es müde wird, zum Ausruhen mit dem Oberkörper legen kann. Der Erwachsene macht während der ersten gemeinsamen Ausflüge das Kind auf mögliche Gefahren aufmerksam und gibt Erfahrungen weiter.

Besonderheiten

Kinder kühlen schneller aus, als Erwachsene. Das heißt, dass der Ausflug kürzer wird. Dazu kommt, dass der kindliche Körper auch schneller dehydriert, reichliche Zufuhr von Wasser ist geboten. Ab und zu, nach größeren Anstrengungen oder bei großer Hitze in den Tropen, sollte auch einmal ein Glas isotonischer Flüssigkeit (z. B. Isostar oder Gatorade) gegeben werden, das füllt den Mineralienhaushalt des Kindes wieder auf.

Neueste Forschungen haben gezeigt, dass Kinder, die schon früh mit der Unterwasserwelt in Berührung kommen, lernfähiger, sozialer, verantwortungsbewusster werden. Denn all diese Eigenschaften werden während einem Schnorcheltrip vermittelt.

Wo sieht man was? Eine Reise um die Welt

Schnorchler bewegen sich in der Regel am Riff und beobachten hier die vielen kleinen Schönheiten – die Betonung liegt auf klein. Wer aber denkt, Freitaucher müssen sich darauf beschränken, der irrt. Gerade die dicken Brocken lassen sich besonders gut nur schnorchelnd beobachten. Mehr noch: Wer vor Nordamerikas Küsten die bekannten Whale-Watching-Touren mitmacht, der darf, will er mit den Tieren tauchen, nur schnorchelnd ins Wasser. Ebenso bei den geführten Touren zu den Walhaien von Süd-Luzon (siehe Tauchreiseführer Philippinen, Verlag Müller Rüschlikon). Was es wo sonst noch zu sehen gibt, entnehmen Sie unserer kleinen Aufstellung.

Deutschland/Mitteleuropa

Beliebt und attraktiv sind die Gebirgsseen in den Alpen, wo es Forellen, Saiblinge und Renken zu beobachten gibt. Voller Leben (Hechte, Zander, Karpfen, Schleien, Aale) sind auch die Altarme der großen Ströme wie Rhein und Rhône, Donau, Elbe, Moldau. Einen Ausflug wert sind Mecklenburgische Seenplatte und die Masurischen Seen in Polen.

England

Es gibt Riesenhaie (Baskin-Sharks) um die Insel Lundy.

■ Wer ist neugieriger – Seelöwe oder Mensch?

Irland

An einigen Stellen rund um die Insel ist Schnorcheln mit Seehunden möglich.

Island/Nordische Inseln

Riesenhaie, Wale.

■ Walhai in der Baja California.

■ Mantareiten ist heute verpönt.

Madeira

Wale und Mantas im Süden der Insel.

Azoren

Whale-Watching-Touren zu Walen und Delfinen.

Kanaren

Wale und Delfine.

Kenia

Walhaie und Mantas.

Südafrika

Wale, Weiße Haie.

Jemen

Schnorchlen mit Delfinen.

Rotes Meer

Delfine

Seychellen

Begegnungen mit Schildkröten und Rochen sind wahrscheinlich.

Thailand

Um Phuket in der Andamansea Walhaie und Leopardenhaie.

Philippinen

Vor Süd-Luzon geführte Touren zu Walhaien mit Jürgen Freund.

Australien

Wale, Delfine, geführte Touren zum Weißen Hai mit Rodney Fox.

Neuseeland

Wale, Seelöwen, Delfine. Auf der Südinsel Schnorcheln mit Pinguinen.

Galapagos

Haie, vor allem Hammerhaie; Schnorcheln mit Urzeitechsen, Seelöwen.

■ Delfinschule.

Cocos, Malpelo, Socorro

Riesige Fischschwärme, Hammerhaischwärme, Delfine.

Amerikas Westküste

Seelöwen, Weiße Haie, Blauhaie, Tigerhaie. In der Baja California Wale, Mantas, Walhaie; vor Kanada Wale und eventuell Riesenkraken (diese bewegen sich normalerweise sehr tief unten. Es kann jedoch sein, dass vereinzelte Exemplare auch einmal an der Oberfläche zu sehen sind).

Amerikas Ostküste

Wale, auch weiße Wale (Belugas), Delfine.

Karibik

In den Seen Floridas Schnorcheln mit Seekühen (Manatees) und Alligatoren. Auf den Bahamas gibt es gegen Bezahlung regelrechte Hai- und Delfinshows, neuerdings auch ökologisch unbedenkliche. Auf den Caymans gibt es den weltberühmten Tauchspot Stingray City, wo der Schnorchler Rochengarantie hat.

■ Fragwürdig: Tête à tête mit dem Kaiman.

Antarktis

Dieses, zugegebenermaßen etwas abseits gelegene, Schnorchelrevier birgt Wale und Pinguine.

Die schönsten Korallengärten rund um die Welt

Rotes Meer (Sinai, Brother Islands, Rocky Islands, Festlandküste Südägyptens); Malediven; Indonesien (Wakatobi-Riffe, Komodo, Bali, Sulawesi, Irian Jaya); Philippinen (Puerto Galera, Bohol, Cebu, Palawan); Australien (Großes Barriere Riff); Südsee (Fidschi, Vanuatu, Truk, Yap, Palau); Karibik (Bahamas, Cayman Islands, ABC-Inseln, Mexiko).

Erlebnisse im Süßwasser

Masurische und Finnische Seenplatten, Altarme der großem Ströme, besonders im Donaudelta Begegnungen mit Wels, Huchen und sogar Stör möglich; Gebirgsseen der Alpen und Pyrenäen; Flusstauchen in der Verzasca; Florida: In den Springs, Mexiko lockt mit Schnorchelabstiegen in die Cenoten (Grottensysteme, glasklares Wasser). In Afrika: Tanganjikasee. Das klarste Süßgewässer der Welt sind die Pupu Springs in Neuseeland.

Schnorchelstellen im Mittelmeer

Frankreich (Hyères-Inseln, Korsika); Spanien (Costa Brava um Cap Creus und die Medas-Inseln, Balearen); Italien (Riviera um Portofino und Santa Margherita, Toscanischer Archipel, Cinque Terre um La Spaezia, Äolische Inseln, Sardinien); Malta, Jugoslawische Adria vor Kroatien, Griechische Inseln; gesamte Mittelmeerküste der Türkei.

Stichwortverzeichnis

ABC-Ausrüstung 12, 13, 20, 40, 47, 55
ABC-Taucher 12ff., 16, 24, 31, 56
Alexander der Große 10
Alpha-Flagge 31, 32
Apnoe 10ff., 56, 151
Archimedes 65, 66, 77
Archimedisches Prinzip 64
Arten 66, 91, 96, 120, 125, 127, 132, 133, 138
Atmung 44, 52, 74
Atolle 99, 129
Auftrieb 33, 60, 64ff.
Augen 12, 70, 86
Ausrüstung 10, 15, 20, 44, 106, 110
Ausstieg 97, 106, 109, 110

Baggersee 15, 96, 123
Barriereriffe 127ff.
Bergseen 155
Biologieführer 16, 132
Bisse 90, 91
Bleigurt 34, 35, 53
Boje 32, 88, 106
Bootsverkehr 88
Boyle 61, 63, 74, 77
Boyle-Mariotte 35, 61, 64, 66
Brackwasser 120
Brechungsindex 12, 22, 64, 68

Dehydration 83
Dichte 61, 68, 70, 102
Druck 21, 60, 61, 62, 63, 65, 74, 77, 81
Druckausgleich 21, 60, 63, 154

Ebbe 98, 106
Einstieg 106
Eustachische Röhre 21, 63

Fels 123, 125
Filmen 150
Fitness 16, 17, 44
Flachwasserbewusstlosigkeit 77ff.
Flossenbrevier 28
Flüsse 116, 119, 120, 123
Flut 98, 106
Fotografieren 150, 151
Freitaucher 10, 12, 13, 14, 35, 56, 78, 79, 125, 155
Freiwasser 122, 125, 154

Gefahren 79, 84, 106, 107, 154
Gehörgang 20, 87
Gewässerkunde 16, 116
Gezeiten 98ff., 106

Handschuhe 36
Hass, Hans 12, 129,
Haut 85, 86, 87, 91, 110, 154
Hauttypen 85, 86
Hochsee 125
Hyperventilation 76, 77

Kälteschutz 15, 29, 33
Kinder 25, 57, 79, 153, 154
Krampf 83
Kurse 56

Lampe 32, 35, 110
Lichtschutzfaktor 85, 86
Luftanhalten 76
Lunge 22, 24, 52, 65, 66, 74ff., 81, 88
Lungenkollaps 78, 79

Mariotte 61, 63, 74, 77
Meereshöhlen 125
Meerestiere 89, 90ff.
Mittelmeer 15, 16, 84, 98, 125, 132
Mittelohr 21, 63

Nase 12, 21, 22, 63, 65
Nesseltiere 91
Notfall/Notfälle 12, 25, 32, 34, 35, 37
Notsignalmittel 32

Ohren 16, 56, 60, 62, 63, 70, 87, 110

Pflegetipps 40ff.
Plattformriffe 127ff.
Praxistipps 84ff., 102ff.
Prüfungen 56ff.

Quellbäche 118, 119

Rechtliches 104
Riff 20, 125, 129, 132, 133, 155, 157
Riffregionen 127
Rifftypen 122ff.

Sandböden 124
Sauerstoff 52, 74, 75, 77, 78, 124, 125
Sauerstoffschuld 52, 81
Saumriffe 127ff.
Schall 64, 70
Schnorchelbrevets 56, 57
Schwimmbadblackout 76ff.
Schwimmstil 47, 49
Seen 14, 33, 116, 118, 120, 123, 155, 157
Sicherheitshinweise 102ff.
Signalbojen 31, 32
Sonnenschutz 15, 106
Sportphysiologie 55
Stiche 90, 91
Stickstoff 75, 77
Stil 44, 47, 50
Ströme 118, 155, 157
Strömung 15, 17, 27, 52, 87, 94, 99, 106, 107, 109, 119
System 16, 56, 104

Tarierhilfe 34, 35, 40, 41
Tasche 36, 37, 41
Tauchermesser 36, 70
Tauchmedizin 74
Tauchphysik 24, 35, 60
Tauchreflex 56, 81
Technik 44, 47, 48, 49, 77, 97, 98
Teich 14, 15, 116, 118, 120
Tiefenmesser 34, 35, 41
Ton 32, 70
Totraum 21, 22, 24
Training 29, 44, 49, 53, 55, 75, 77, 83, 153
Trommelfell 63, 87, 109, 110

Uhr 35, 36, 85, 86
Umwelthinweise 107ff.
Unterkühlung 87, 88
Unterwasserzeichen 110ff.

Verdrängung 60
Verletzung 110
Verletzungen 55, 84, 90, 91

Weichböden 125
Weiher 120
Wellen 15, 94, 96, 97, 106, 154
Wellenhöhe 94
Wellenkamm 94
Wellenlänge 94
Wetter 94, 96
Wind 94, 96, 99, 127

Zusatzausrüstung 31